비거리와 정밀도를
한 차원 끌어올리는

골프스윙
최강의 교과서

비거리와 정밀도를
한 차원 끌어올리는

골프스윙
최강의 교과서

스가와라 다이치 지음 ㅣ 김민주 감수 ㅣ 이재화 옮김

삼호미디어
samho MEDIA

드라이버로 무조건 풀 샷을 치려고 조바심 내기보다는
기초 드릴로 궤도나 타법에 대한 감각을 먼저 파악해야 합니다

— Daichi Sugawara

감을 잡았다면 '그 동작을 빠르게 수행할 뿐'이라는
마음가짐으로 머리와 몸을 움직여 가야 합니다

최대 효율 임팩트가 있으면
적은 힘으로도 300야드가 가능합니다!

제 키는 169cm, 몸무게는 62kg으로 결코 큰 체격도 아니며, 팔씨름도 여성에게 질 만큼 힘이 약한 편입니다. 하지만 드라이버샷은 270~280야드가 나오며, 조건이 좋으면 300야드까지 날리기도 합니다. 즉 골프의 비거리는 체격이나 힘만으로 결정되지 않는다는 말이지요. 그리고 저는 이 책을 통해 작은 힘으로도 비거리를 월등히 늘릴 수 있는 '최대 효율 임팩트'를 여러분에게 소개해 드리려고 합니다.

저는 고등학교를 갓 졸업한 19세에 골프를 시작했습니다. 초등학교 시절부터 야구, 미니 바스켓볼, 육상(장대높이뛰기), 배구 등 다양한 스포츠를 가까이 접하고 경험하면서 몸을 움직이는 것을 직업으로 삼고 싶다는 바람이 있었기 때문입니다. 그 가운데 전혀 경험해 보지 않은 골프를 선택한 이유를 솔직히 말하자면, 나이가 들어도 할 수 있다는 말을

스가와라 다이치 프로의 '체격' 프로필

키 169cm
몸무게 62kg

완력 40~41kg

키·몸무게·완력은 성인 남성의 평균 이하입니다. 보다시피 탄탄한 근육이나 골격과는 거리가 먼 체격으로, 오히려 연약한 편에 가깝습니다. 게다가 팔 힘에도 자신 없어서 팔씨름만 하면 연전연패입니다……. 하지만 골프로는 지지 않아 최대 비거리는 300야드가 넘습니다! 그 비밀을 이 책에서 전부 밝혀 드리겠습니다.

듣고 '그럼 신체 조건이 뛰어나지 않은 나도 할 수 있겠네.'라는 안이한 발상을 했기 때문이었습니다.

그런데 막상 시작해 보니 생각보다 훨씬 어렵더군요. 일단 공만 치면 금방 터득할 수 있겠거니 생각했는데, 애당초 공을 맞히기조차 힘들었습니다. 맞힌다 해도 목표한 곳으로는 날아가지 않았어요. 참 어렵고 복잡한 운동이라는 사실을 그때 절실히 깨달았지요.

그냥 치는 것만도 어려운데, 스코어까지 내려니 훨씬 더 많은 요소를 고려해야 했습니다. 드라이버는 당연히 중요하고, 스코어를 내려면 어프로치나 퍼터도 중요합니다. 골프는 스포츠면서 장기나 바둑처럼 정교한 전략도 짜야 하는, 운동적 요소와 게임성이 복잡하게 결합한 종목임을 이해했지요.

공을 목표한 지점으로 최대한 정확히 보내는 것이 무엇보다 중요한데, 다르게 표현하면 수학 문제라고도 할 수 있습니다. 남은 거리와 지형, 바람과 런의 영향을 계산해 어떤 클럽으로 얼마만큼 치느냐 하는 덧셈, 뺄셈 등의 과정을 통해 답이 결정됩니다. 답을 잘못 도출하면 해야 할 것도 달라지지요. 일단 코스에 대한 정보를 정리해 올바른 답을 도출하는 것이 우선입니다. 그렇게 답이 결정되면 남는 것은 골퍼의 정밀도입니다.

올바르게 계산했더라도 높은 정확도로 치지 않으면 스코어는 올라가지 않지요. 그래서 머릿속에 올바른 임팩트를 그리는 것이 핵심입니다. 보내고 싶은 궤도를 머릿속에 그리고, 그것을 실행하려면 '페이스를 어떻게 맞춰야 좋을까? 몸은 어떻게 움직여야 좋을까?' 이런 식으로 하나씩 답을 찾아 방향성과 감각을 파악해 나갔습니다.

저 자신을 실험 대상으로 삼아 도전과 실패를 반복함으로써 몸을 중심으로 클럽이 몸에 휘감기듯 빠르게 휘둘러지는 스윙을 완성했습니다. 원래부터 팔 힘이 약했기 때문에 온몸을 효율적으로 사용해 클럽 스피드를 높여 휘두르는 것을 목표로 했고 그 결과 '최대 효율 스윙'의 기반을 차근차근 쌓았습니다.

골프를 시작하고 4년 만에 티칭 프로 시험에 합격했고 24살에는 PGA 자격을 취득했습니다. 그 후 티칭 프로로서 활동을 시작했습니다. 비교적 빠르게 성과가 나온 배경으로는 앞에서 이야기했듯이 다양한 스포츠를 풍부하게 경험함으로써 자연스럽게 쌓아 온 정보가 많았다는 점을 들 수 있습니다. 그러나 솔직히 말하자면, 진정한 의미의 기술을 쌓은 것은 티칭 프로가 되어 초급 골퍼 분들에게 기본을 가르치고 난 후부터입니다.

초급 골퍼를 가르치면서 기초와 기본의 중요성을 재차 이해하고 기술의 정밀도를 높였습니다. 여태껏 보이지 않던 부분이 보이기 시작했고 그 움직임을 언어로 표현할 수 있게 되었습니다.

골프 실력 향상에 한계란 없다!

한계를 정하는 것은 누구도 아닌 나 자신뿐!
아무리 나이가 많아도
골프 실력의 레벨 업은 충분히 가능하다

개개인이 지닌 특징을 보면서 '이 사람은 몸을 이렇게 움직이는 게 좋겠다.', '이런 습관이 있는 사람은 이렇게 알려줘야겠다.'라고 판단하고, 직접 몸을 움직여 연구하며 더 효율적인 방법과 움직임을 추구해 왔습니다. 그리고 그렇게 시도했던 것들은 확신으로 바뀌었습니다. 남을 가르치면 가르칠수록 제 실력도 발전하는 것을 실감했습니다. 다양한 방식과 정보가 모여 저의 골프가 완성되고 있었습니다. 레슨이 필요한 많은 사람을 만날 때마다 스윙을 보는 관점도 계속 바뀌었기에 저의 골프는 여전히 진화하는 중이라 할 수 있습니다.

기술적인 부분에 대해 말하자면, 최대 효율을 내기 위해서 먼저 의식해야 할 것은 '자세'입니다. 자세가 바르게 잡혀야 좋은 스윙으로 연결됩니다. 예를 들어 목적지를 알아도 지하철이나 비행기를 잘못 타면 목적지에 도착할 수 없습니다. 마찬가지로 출발 지점인 자세가 틀리면 최대 효율이라는 목적지에 도착할 수 없습니다. 그러므로 최대 효율을 내는 좋은 자세야말로 최대 효율 임팩트를 만들기 위한 최소한의 조건이라고 할 수 있습니다.

그립 잡는 법, 어드레스 형태 등 기본적이고 단순해 보이는 각각의 동작을 올바르게 수행하면 좋은 스윙으로 이어집니다. 좋은 자세로 좋은 테이크 어웨이를 할 수 있으면 결과적으로 공을 정확히 맞힐 수 있습니다.

너무 복잡하게 생각하지 말고 이렇게 단순한 부분부터 생각해야 할 때도 있습니다.

몸을 어떻게 사용하는가의 문제는 클럽을 어떻게 사용하느냐와 같은 문제입니다. 현대 골프에서는 비거리 향상에 도움을 주는 클럽 헤드와 이를 어시스트하는 샤프트가 있습니다. 다양한 헤드와 샤프트를 최대한 활용하는 것도 최대 효율 임팩트에서 빠뜨릴 수 없는 요소입니다. 골프는 그만큼 도구도 중요하다는 사실을 이해하셨으면 합니다. 아무리 좋은 스윙을 한다 해도 자신에게 맞지 않는 클럽을 사용하면 스핀이 많아져 공이 날아가지 않을 수 있는 것이죠. 자신에게 맞는 클럽을 사용하는 것도 실력을 높여 나가는 조건입니다.

한편, 아무리 열심히 연습해도 나아지지 않을 때가 있습니다. 그런 분은 당장 연습 방법을 바꿔야 합니다. 자신도 모르는 사이에 실력을 발전시키지 못하는 연습 방법에 빠졌을 수 있기 때문입니다. 잘못된 버릇이나 동작이 몸에 배면 그걸 고치는 것 자체가 고단한 작업이 됩니다. 좋은 습관을 몸에 들이려면 조금이라도 빨리 올바른 자세로 바꿔 연습을 진행해야 합니다.

자신의 골프 동작 혹은 습관을 바꾸는 중요한 계기가 되는 것이 제삼자, 즉 티칭 프로에게 배우는 것입니다. 혼자서는 무엇이 문제인지 깨닫

지도 못하는 일이 많습니다. 이때 누군가가 봐 주면 문제를 해결하는 지름길을 찾을 수 있습니다.

자신의 자세를 객관적으로 체크하고 제삼자에게 무언가 실마리를 얻어 배운다는 맥락에서 이 책을 이용해, 최대 효율 임팩트를 만들기 위한 포인트를 마스터하시기 바랍니다. 수많은 사람을 지도하며 쌓아 온 핵심 동작과 자주 발생하는 문제점, 알아 두면 좋은 기본기를 전해 드릴 것입니다. '이런 구질이 나오는 원인은 이것입니다.' 하는 식으로 원인을 찾고 이를 개선할 수 있는 그립법, 셋업하는 법, 스윙 궤도 등의 포인트를 이해하고 연습할 수 있는 드릴을 담았습니다. 차근차근 함께 따라가며 교정함으로써 골프 실력을 한 차원 높이는 계기를 마련하실 수 있을 것입니다.

최대 효율 임팩트를 손에 넣으면 비거리 '+20야드'는 누구나 가능합니다. 여러분도 꼭 도전해 보시기 바랍니다.

스윙을 잘하고 싶다면, 자세를 바르게 잡아야 합니다
좋은 스윙은 좋은 자세에서 나옵니다

Daichi Sugawara

어떤 자세가 가능하고 어떤 자세가 불가능한지
정확하고 꼼꼼하게 분석합니다

CONTENTS

레슨을 시작하며

　　최대 효율 임팩트가 있으면 적은 힘으로도 300야드가 가능합니다! ················ 6

1 열심히 연습해도 왜 실력이 늘지 않을까?

1 얼마나 진지하게 몰두하고 있나요? ···························· 24

2 한 방에 좋아지는 비법만 바라고 있지는 않나요? ············· 26

3 자신의 감각을 무조건 신뢰하고 있으신가요? ·············· 28

4 이상적인 스윙은 괴롭다는 사실을 아시나요? ·················· 30

2 최대 효율 임팩트의 메커니즘과 실행법을 마스터한다

'최대 효율 임팩트'란 무엇인가요? ┄┄┄┄┄┄┄┄┄┄┄┄┄ 34

1 임팩트 : 당기는 힘으로 최대 가속을 실현한다 ┄┄┄┄┄┄ 36

최대 효율 임팩트 타이밍에 작용하는 힘은 어떤 힘인가? ┄┄┄┄┄ 36

'땡땡이북'은 잘못된 예! ┄┄┄┄┄┄┄┄┄┄┄┄┄ 44

최대 효율 임팩트의 순간, 클럽과 공은 어떻게 만날까? ┄┄┄┄┄ 46

2 다운스윙 : 클럽을 바르게 휘두르는 움직임 ┄┄┄┄┄┄┄ 48

메커니즘을 이해함으로써 날카로운 다운스윙을 실현한다 ┄┄┄┄┄ 48

다운스윙에서 클럽은 어떻게 움직이는가 ┄┄┄┄┄┄┄┄ 54

다운스윙할 때 퍼 올리는 움직임이 실패의 원인! ┄┄┄┄┄┄ 60

'일체감'으로 클럽을 빠르게 휘두르는 움직임을 강화한다 ┄┄┄┄┄ 66

3 전환 : 꼬임의 최대 차이를 만들어내는 타이밍 ┄┄┄┄┄ 68

톱 오브 스윙이 아니라 '전환'이라고 생각한다 ┄┄┄┄┄┄┄ 68

전환은 백스윙 중에 시작한다 ┄┄┄┄┄┄┄┄┄┄┄ 69

전환 동작의 스위치를 기억하자 ┄┄┄┄┄┄┄┄┄┄┄ 72

4 백스윙 : 3D로 이해하는 몸의 꼬임 ················· 76

　백스윙은 역방향으로 하는 스윙 ················· 76

　백스윙도 일체감이 중요하다 ················· 80

　발바닥으로 지면을 붙잡아 강한 꼬임을 만든다 ················· 82

5 테이크 어웨이 : 에지를 살리는 스윙의 시동 ················· 86

　스윙의 시동도 하체부터 시작한다 ················· 86

　테이크 어웨이의 페이스 앵글이 곧 임팩트의 모양이다 ················· 90

　부드럽게 시동을 거는 계기를 만든다 ················· 92

　일체감을 가지고 어드레스 → 테이크 어웨이로 이행한다 ················· 94

6 어드레스 : 힘의 실로 몸 전체를 연결한다 ················· 98

　좋은 스윙은 좋은 자세에서 탄생한다 ················· 98

　'언제든 움직일 수 있는 자세'가 올바른 어드레스 형태 ················· 104

　최대의 힘을 끌어내는 어드레스란 무엇인가? ················· 108

3 클럽별 최적의 임팩트를 만드는 핵심을 마스터한다

최대 효율 임팩트의 포인트는 클럽마다 다릅니다 ·················· 114

1 드라이버는 '이륙'으로 임팩트! ······················· 116

드라이버는 플랫 스윙이 베스트 ························· 116

드라이버의 임팩트는 이륙 지점에서 히트! ··············· 122

드라이버는 약간 오른쪽으로 기운 어드레스가 이상적이다 ······· 124

드라이버로 하는 '최대 효율 스윙'의 기초를 다지자 ·········· 128

드로우 샷과 페이드 샷의 임팩트를 이해하자 ·············· 138

2 아이언은 헤드를 낮게 밀어내는 임팩트 ··············· 146

아이언의 좋은 임팩트와 나쁜 임팩트 ··················· 146

아이언으로 최대 효율 임팩트를 만드는 절대 조건 ············ 150

핸드 퍼스트로 치는 방법 ···························· 154

핸드 퍼스트는 만능이 아니다 ························· 160

다운 블로를 몸에 익히자 ···························· 164

3 웨지의 기능을 최대한 살리는 임팩트 ················· 168

웨지의 좋은 임팩트와 나쁜 임팩트 ··················· 168

웨지의 헤드 구조를 다시 한 번 확인해 보자 ·············· 170

'토핑'을 자유롭게 구사하는 것이야말로 어프로치 실력을 향상시키는 열쇠 ····· 172

샌드 웨지는 의도적으로 공 앞에서 뒤땅을 쳐라 ············ 176

4 생애 최고의 스윙에 도전한다 (응용편)

한 차원 더 높은 비거리 & 정밀도를 달성하는 비법 ················ 180

1 오른손의 '3종 비밀 병기'를 사용해 비거리를 UP! ············ 182

오른손에는 세 가지 역할이 있다! ···························· 182

오른손의 올바른 감각을 기억하자 ·························· 186

2 +20야드를 만들어내는 '유연한 힘' ························ 188

클럽의 성능을 마음껏 발휘하게 만드는 힘, 유력 ·············· 188

유력을 키우는 드릴 ···································· 190

3 손과 클럽 페이스를 연결해 컨트롤 능력을 향상 ············ 194

페이스를 컨트롤해 최고의 정밀도를 손에 넣자! ·············· 194

레슨을 마치며

골프 실력 향상에 한계란 없다 ····························· 198

열심히 연습해도
왜 실력이 늘지 않을까?

1

얼마나 진지하게 몰두하고 있나요?

"골프 실력을 제대로 키우는 비결이 뭔가요?"

많은 분이 종종 이렇게 질문하시곤 합니다. 골프 실력을 향상하는 데는 다양한 방법과 견해가 있습니다만, 저는 "스윙이나 드릴에 진지하게 몰두하는 것이 무엇보다 중요합니다."라고 대답해요. '진지하게 몰두한다'라는 말이 추상적이고 단순하게 들릴 수도 있겠습니다. 하지만 스윙이나 드릴을 아무리 열심히 수행해도 실력에 변화가 없다면, 진지하게 임하고 있다고 착각했거나 그런 셈 치자고 자기 자신과 타협해 버리지는 않았는지 자문해 보시기 바랍니다.

그럼 진지하게 몰두한다는 말은 구체적으로 무엇을 의미하는 걸까요? 저는 레슨할 때 항상 "천천히 해보세요!"라고 강조합니다. 우선 팔, 다리, 배, 어깨처럼 자기 눈으로 볼 수 있는 신체 부위의 움직임을 꼼꼼하게 체크하고, 느린 속도로 동작을 수행하면서 정말 정확한 자세를 잡고 있는지 스스로 확인해야 합니다. 동영상을 보거나 책을 읽고 머리로만 이해한 것을 실제로 해본다고 갑자기 완벽하게 되는 것은 아닙니다. 동작 하나하나를 슬로 모션으로 실시하면서 '제대로 이뤄지고 있는 건가?' 하고 의심하며 짚어나가는 것은 올바른 움직임을 익히는 데 매우 중요합니다.

이 책에서는 '클럽은 여기까지 움직이세요', '피니시는 이 위치입니다' 하는 식으로 각 드릴에서의 체크 포인트도 함께 설명합니다. 실제 스윙과 마찬가지로 드릴을 실시할 때도 포인트를 지켜가며 정확히 움직이고 있는지 꼼꼼히 확인하기 바랍니다.

진지하게 몰두한다는 것은 바로 이런 뜻입니다. 간단해 보이는 드릴이라도 처음부터 완벽하게 해내는 사람은 많지 않습니다. 그만큼 자기 몸을 마음먹은 대로 움직이기란 사실 무척 어렵습니다. 지금까지 몸에 익혀 온 스윙이라는 운동 프로그램을 바꾸기란 쉽지 않다는 것. 이 점을 충분히 이해한 다음 천천히 스윙을 하고, 각 항목에서 소개하는 드릴은 포인트를 확인하면서 바른 자세로 익혀 보시기 바랍니다.

스윙을 잘하지 못하면 공을 맞힐 수도 없습니다. 진심으로 골프를 잘하고 싶다면 지름길은 없다고 생각해 주세요. 그나마 지름길이라고 할 수 있는 방법이 있다면, 동작 하나하나 진지하게 최선을 다해서 임하는 것뿐입니다.

2 한 방에 좋아지는 비법만 바라고 있지는 않나요?

한번 몸에 익힌 스윙을 바꾸기란 정말 어렵지요. 그러므로 일단 '시간이 걸리는 과정'이라는 점을 이해하셔야 합니다. 그리고 자신의 자세가 틀렸다는 사실을 분명히 자각하지 않으면 바꿀 수가 없습니다.

지금까지 실행해 온 움직임과 메커니즘을 바꾸면 당연히 공을 치는 방법도 바뀝니다. 지금까지와 다른 동작을 하고 있는데 평소처럼 공을 때렸다면 어딘가 잘못되었다고 봐야 합니다. 아니, 그보다 '동작이 바뀌지 않았다'라는 증거라고 말할 수 있겠지요.

인간의 감각이란 매우 예민해서 조금이라도 다른 힘이 작용하면 굉장히 색다른 감각이 느껴집니다. 하지만 실제로 제삼자가 봤을 때는 예전 스윙에서 아무것도 변하지 않은 경우가 왕왕 있습니다. 스윙에서 큰 토대를 바꾸려고 시도하는 중인데도 공이 잘 맞는다면, 무의식중에 어딘가 조정이 들어가 평소처럼 움직인 것이죠. 즉 근본은 바뀌지 않았다고 볼 수 있어요.

예를 들어 하체가 리드하는 스윙을 하지 않던 사람이 하체 주도의 턴을 취하면서 연습한다면, 지금까지의 움직임과 정반대가 되므로 처음에는 공을 맞히지 못하는 것이 맞습니다. 만약 맞혔다 하더라도 공이 지금까지와는 다른 코스로 나가야 합니다. 그래도 괜찮습니다. 그것이 변화의 첫걸음이니까요.

앞에서 이야기했듯이 큰 토대를 바꿀 때는 마음처럼 잘 안 되는 것이 당연합니다. 그래서 골프의 성장곡선은 일정하게 우상향하지 않습니다. 실력의 레벨 업은 기량이 올랐다가 평행선을 그리고 다시 올라가는 것이 아니라, 대부분 정체기를 겪은 뒤 한 번은 덜컹 떨어집니다.

이런 현상은 절대 나쁜 게 아닙니다. 변화, 즉 지금까지 해 오던 것을 지우고 새로운 것을 익히려면 반드시 한 번은 떨어지는 순간이 옵니다. 토대가 바뀌지 않는 한 큰 메커니즘을 바꿀 수는 없습니다. 변화 도중에 한 번 떨어지지 않으면, 위로 올라갈 수 없다는 것이지요.

진심으로 자신의 스윙을 변화시켜 한 단계 성장하기로 결심했다면 생각보다 많은 시간을 들여야 할 것입니다. 스윙을 바꿔 나가는 데는 절대적인 시간이 필요하며, 순식간에 좋아지는 특효약은 없습니다.

3 자신의 감각을 무조건 신뢰하고 있으신가요?

스윙을 교정할 때 중요한 것이 단계를 제대로 설정하는 것입니다. '○○을 해내면 바로 성공!'이 아닙니다. 올바른 단계를 설계해서 각 과정을 밟고 올라가는 동안 잘못된 방향으로 가고 있지는 않은지 체크해 나가야 합니다.

첫 단계는 '이전과 다른 다른 미스가 나오는 것'입니다. 앞에서 이야기한 것처럼 지금까지 잘 맞히던 공을 못 맞히게 된 것은 변화의 증거입니다. 그러니 스윙을 교정하는 과정에서 미스 샷이 나오는 것은 나쁜 징조가 아니에요.

다만 여기에는 변화의 징조인 것과 그렇지 않은 것이 있습니다. 지금 이 미스 샷이 좋은 미스 샷인지 아닌지 스스로 판단할 수 있는 사람은 수준이 상당히 높은 사람입니다. 새로운 연습을 시작하면 느껴지는 감각도 새롭기 때문에 이것이 올바른지 아닌지 혼자 판별하기가 몹시 어렵습니다. 그러므로 실력을 쌓는 중이라면 티칭 프로(제삼자)가 정확히 봐주는 것이 중요합니다.

'일단 이 부분을 바꾼다. 그러면 이런 미스가 나온다. 이 미스가 나오면 다음은 이 부분을 신경 쓴다.' 이런 식으로 새로운 자세를 숙달할 때는 거쳐야 하는 순서가 있습니다. 변화를 시도할 때마다 미스 샷이 나올 것이고, 미스가 나오면 그에 맞춰 의식하는 부분을 바꿔 수정해 나가야 합니다. 실력을 끌어올리는 새로운 스윙 메커니즘은 이런 작업의 반복으로 완성됩니다.

열심히 연습했음에도 변화가 더뎌 초조해지는 마음은 잘 압니다. 하지만 베이스를 탄탄하게 다진 뒤, '다음은 여기, 그다음은 이 부분을 고친다……' 이런 식으로 올바른 단계를 세우고 차례차례 밟아 나가면 반드시 달라집니다. 그리고 결과적으로 짧은 기간 안에 올바른 스윙 메커니즘을 몸에 익힐 수 있습니다.

스윙 교정을 할 때는 드라이버보다 짧은 클럽을 추천합니다. 드라이버를 쥐면 본능적으로 멀리 날리고 싶어지기 마련입니다. 그쪽으로 마음이 쏠리면 스윙을 교정할 수 없어요. 짧은 클럽을 이용해 조절하기 쉬운 속도감 속에서 의도한 대로 움직임이 이루어지는지 확인하면서 연습에 임하시기 바랍니다.

지금까지 쌓아 온 것을 잃어도 좋다는 각오 없이는 스윙을 새롭게 바꾼다는 목표를 이룰 수 없습니다. 골프는 오랫동안 계속할 수 있는 스포츠입니다. 앞으로 쭉 골프를 즐기기 위한 길이라 여기며 끈기 있게 몰두하시기 바랍니다.

4 이상적인 스윙은 괴롭다는 사실을 아시나요?

골프 경력이 길수록 버릇을 고치기 어려운 경향이 있습니다. 열심히 연습해서 교정해도 다음에 칠 때는 다시 익숙한 스윙법으로 돌아가는 모습을 종종 보곤 합니다.

휘두르기 쉬운 스윙은 몸에 스트레스를 주지 않는 편안한 스윙이라고 말할 수 있겠습니다. '스트레스'라고 하면 부정적인 이미지가 강하므로 이 책에서는 신체에 가해지는 부하를 '텐션'이라고 표현할게요.

몸 어디에도 텐션이 들어가지 않은 채 편하게 휘두르는 스윙은 좋은 스윙이라고 할 수 없습니다. 좋은 스윙이란 결코 기분 좋은 스윙은 아니에요. 물론 휘두르고 난 뒤 피니시의 상쾌한 기분을 느낄 수는 있죠. 그러나 좋은 스윙은 내 몸을 쉽고 편안하게, 마음대로 움직여 휘두르는 것과는 다릅니다.

최대 효율을 만들어내는 스윙은 반드시 몸 어딘가에 텐션이 가해집니다. 예를 들어 백스윙을 할 때 단순히 팔만으로 클럽을 들어 올리면 다리나 배의 근육에 압박이나 긴장이 느껴지지 않습니다.

최대 효율을 만들려면 백스윙에서 다운스윙으로 전환하는 순간 반드시 배와 오른쪽 다리에 팽팽한 힘이 들어가야 합니다. 몸이 더 이상 비틀어지지 않아 괴로운 상태가 되면 몸은 다시 원래 자세로 돌아가려고 하므로 몸의 회전이 더욱 날카로워지고, 이 힘이 클럽이 빠르게 휘둘러지게 만듦으로써 결과적으로 헤드 스피드도 빨라집니다. 이렇듯 좋은 스윙은 몸 어딘가에 '고통'을 수반합니다.

쉽고 편하게 휘두르는 스윙은 메커니즘적으로도 좋다고 말할 수 없으며 최대 효율도 낼 수 없습니다. 아무것도 의식하지 않은 채 임하면 텐션을 거는 것을 잊어버리거나 그저 서 있을 뿐인 어드레스를 하는 등 이른바 '피곤하지 않은 스윙'이 되어 버리기 때문입니다.

개인차는 있겠지만, 골프 스윙은 원래 피곤한 법입니다. 이상적인 스윙은 양다리와 복근 등 몸에 일정량의 스트레스가 가해지는 괴로운 움직임이라는 사실을 기억해 두시기 바랍니다. 앞으로 스윙의 메커니즘을 소개할 때 몸에 가해지는 텐션에 대해서도 자세히 설명할 예정입니다. 텐션이 스윙을 완성하는 하나의 기준이 된다는 점은 틀림없는 사실입니다.

2

최대 효율 임팩트의 메커니즘과
실행법을 마스터한다

'최대 효율 임팩트'란 무엇인가요?

'최대 효율 임팩트'란 말 그대로 가장 효율적인 형태로 공을 타격함으로써 최대 비거리를 내는 임팩트를 말합니다. 강한 완력이나 건장한 체구처럼 육체적으로 유리한 조건이 따르지 않더라도, 최대 효율 임팩트를 만들어낼 수 있다면 공을 멀리 날릴 수 있습니다.

골프는 도구를 사용해 공을 치는 운동이지요. 강한 힘으로 힘껏 휘두른다거나 근육질의 몸이라고 해서 공을 멀리 날릴 수 있는 것은 아니에요. 올바른 스윙, 올바른 임팩트가 이루어져야 멀리 날릴 수 있습니다. 최대 효율 임팩트는 효율적인 신체 움직임으로 달성되므로 스윙 자체도 안정적이며 재현성이 높습니다. 비거리가 늘어날 뿐만 아니라 원하는 위치로 공을 보내는 샷의 정밀도도 높아집니다.

임팩트는 무언가와 무언가가 부딪치는 충격으로, 골프에서는 클럽 헤드(페이스)와 공이 닿는 순간을 임팩트라고 말하지요. 임팩트 순간 가장 큰 힘이 전달되는 물리적 상황을 머릿속에 그려 보면 최대 효율 임팩트가 보입니다.

공을 멀리 날리는 데 관여하는 요소는 크게 두 가지입니다. 하나는 헤드 스피드이며, 다른 하나는 공을 타격(임팩트)하는 클럽의 궤도입니다.

몸이 움직이는 속도가 빠르지 않아도 괜찮다는 점이 최대 효율 스윙의 포인트입니다. 몸을 천천히 움직여도 클럽 속도는 빨라지는 메커니즘을 구현합니다. 헤드 스피드가 효율적으로 높아지면 스윙은 자연스레 좋은 궤도로 내려옵니다.

백스윙을 하고 전환하는 순간 배와 왼쪽 다리에 얼마나 힘이 잘 들어가느냐에 따라 헤드 스피드가 결정됩니다. 그렇다면 어떻게 해야 할까요? 백스윙과 테이크 어웨이가 중요해집니다. 또한 최대의 효율로 공에 힘을 전달하는 임팩트 순간에는 어떤 힘이 작용할까요?

지금부터 최대 효율을 내는 임팩트를 만드는 데 필요한 요소와 주의사항을 동작 사진과 함께 하나하나 해설해 나가겠습니다. 강한 파워 없이도 공을 멀리 날릴 수 있는 것이 최대 효율 스윙, 최대 효율 임팩트가 지닌 가장 큰 매력입니다. '최대 효율을 만들어내는 스윙의 메커니즘'을 하나하나 마스터함으로써 월등히 향상된 비거리와 정밀도를 얻기 바랍니다!

1

임팩트
: 당기는 힘으로 최대 가속을 실현한다

최대 효율 임팩트 타이밍에 작용하는 힘은 어떤 힘인가?

먼저 최대 효율 임팩트를 이미지화하자

골프 클럽에는 다양한 면과 각도가 존재하지요. 하지만 그런 사실은 일단 잊고 망치처럼 쉽게 연상할 수 있는 모양을 떠올려 보세요. 그리고 이 망치로 내 왼편 (타깃 방향)에 있는 벽을 부순다고 가정해 봅시다. 자신이 지닌 힘, 어떤 신체 움직임을 이용해야 최대한 효율적으로 벽을 부술 수 있을까요?

얼마나 강하게 때릴 수 있느냐가 최대 효율 임팩트를 이해하는 첫걸음입니다. 벽에 가장 강한 힘을 전달하는 원리와 공에 힘을 전달하는 원리는 기본적으로 같습니다. 그렇다면 강하게 때리는 순간 우리는 망치를 미는 걸까요, 당기는 걸까요? '때리다', '치다'라고 하면 아무래도 미는 이미지가 강하게 떠오르겠지만 실제로는 '당기는' 움직임이 나옵니다. 물리 법칙으로 생각해보면 클럽은 위에서 아래로 내려오기 때문에 강하게 당기는 현상이 나타납니다.

그리고 임팩트 직전에 클럽을 자기 몸 쪽으로 당기면 당길수록 멀리 있던 클럽에 역방향(타깃 방향)으로 힘이 들어갑니다. 반대로 '미는' 힘을 주면 몸에서 멀어지기 때문에 클럽 자체에는 힘이 전달되지 않습니다. 100% 효율적으로 타격했을 때 임팩트에서는 '당기는' 에너지가 발생한다는 사실을 기억해 주세요.

임팩트는 망치로 왼쪽 벽을 때리는 이미지와 같다

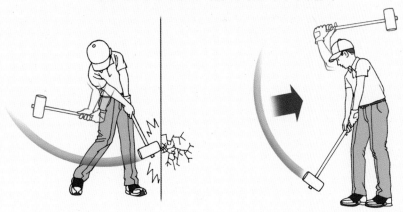

세세한 부분을 제외하고 임팩트를 이미지화하면, 두 손에 쥔 망치로 왼쪽 벽을 쿵 하고 때리는 것과 원리가 비슷하다. 어떤 식으로 강하게 때리느냐에 따라 벽에 전해지는 힘(임팩트 순간 공을 때리는 힘)이 달라진다.

CHECK! 망치를 내리칠 때 작용하는 힘

망치를 위에서 아래로 내리치는 동작을 해보면 임팩트 타이밍에 작용하는 힘을 체감할 수 있다. 몸과 가까운 곳을 때려야 힘이 들어가기 쉽다는 사실뿐만 아니라, 이때 몸을 향해 '당기는 힘'이 들어간다는 것도 이해할 수 있다.

실제 스윙에서의 임팩트 타이밍

최대 효율 임팩트를 위해서는 '당기는' 것이 매우 중요하다고 말했는데, 이때 당기는 방법을 혼동하지 않아야 합니다. 손이 아니라 몸의 힘으로 당겨야 합니다. 몸의 힘으로 당기면, 몸과 가깝게 클럽이 당겨지면서 몸에 감기는 듯한 형태(꼬임)가 됩니다.

더 쉽게 이해하기 위해 지면에 막대기가 꽂혀 있는 모습을 상상해 볼까요? 이 막대기를 힘껏 뽑아내기 위해 당기는 힘이 임팩트 순간 작용하는 힘이라 할 수 있습니다.

또한 아래에서 무언가를 당겨 올리려고 할 때는 등이 굽으면서 앞으로 숙인 자세가 됩니다. 배, 다리, 엉덩이 등 큰 근육에 힘을 주려면 반드시 몸이 구부러집니다. 몸을 곧게 편 상태에서 힘을 주면 팔의 힘, 상체 힘에만 의존하게 되어 버립니다. 그러므로 형태적인 목표는 '상체를 숙인 자세'에서의 임팩트라고 할 수 있습니다.

왼발 바깥쪽이 지지대가 되어 종아리에 제대로 힘이 들어가면, 복근과 등 근육 같은 큰 근육에도 힘이 들어가 클럽을 당길 수 있습니다. 임팩트 순간만 보면 클럽을 자기 몸 쪽으로 당길 수 있는 자세가 최대 효율 임팩트의 기본이라고 할 수 있습니다.

당기는 힘을 머리로는 이해하셨을 테니, 이제는 실제 몸을 사용해서 체감하는 훈련을 소개하겠습니다. 다음에 나오는 두 가지 드릴(40~41쪽)을 실시해 봅시다. 임팩트 타이밍에 작용하는 당기는 힘을 몸으로 익히고, 그 순간 몸이 리드하는 구조도 이해할 수 있습니다.

CHECK! 임팩트 구간에서 작용하는 '당기는 힘'

후방

임팩트로 향할 때 몸이 회전하는 움직임에 따라 손도 안쪽(몸 쪽)으로 당기는 움직임이 이루어진다. 이 힘에 의해 클럽은 크게 휘고, 휘어 돌아오는 타이밍에 공을 때리면 최대 에너지를 전달할수 있다.

정면

주의할 점은 의도적으로 손을 움직여 당기지 않도록 해야 한다는 것이다. 불필요한 힘이 들어가거나 공 윗면을 때리는 토핑 등 미스 샷이 날 수도 있다. 인위적으로 조작하는 것이 아니라 몸의 회전에 이끌려 자연스럽게 당기는 움직임이 들어간다고 이해하자.

당기는 힘을 체감하는 드릴

자세를 취한 상태에서 파트너에게 발밑의 헤드 부근을 잡고 부하를 걸도록 한다. 그 상태에서 몸의 리드로 클럽을 당긴다.

파트너가 없을 때는 고무밴드 끝을 오른발에 걸어 고정한 다음 반대쪽 끝을 손으로 잡고 몸으로 리드하며 당긴다.

임팩트 타이밍에 작용하는 또 하나의 힘을 이해하자

임팩트 순간 클럽에는 당기는 힘이 작용한다고 했는데, 이 힘은 '상하로 운동하는 힘'이라고도 말할 수 있습니다. 몸 쪽으로 당기는 힘에 의해 클럽이 아래로 내려오기 때문입니다.

그런데 본래의 목적대로 공을 앞으로 멀리 날리려면 목표 방향으로도 힘이 들어가야 합니다. 이 힘은 '좌우로 운동하는 힘'이라고 할 수 있습니다. 그리고 이 힘을 이해하기 위해서는 다운스윙 시 만들어지는 '왼쪽 벽'에 대해 살펴볼 필요가 있습니다.

다운스윙으로 클럽이 되돌아올 때, 회전하는 몸의 왼쪽에는 일종의 '벽'이 만들어지고 이것이 몸에 브레이크를 겁니다. 이 왼쪽 벽을 '몸이 오른쪽(타깃과 반대 방향)으로 가고자 하는 힘'이라고 말할 수 있습니다. 몸은 왼쪽으로 열리려는 동작을 하고 있지만, 하체가 벽에 막히면서 상체는 타깃과 반대 방향으로 돌아가려는 힘이 작용합니다. 이렇게 되돌아가려는 힘이 작용하면, 당겨지는 힘에 의해 임팩트로 나아가는 클럽 헤드와는 반대 방향의 저항력이 성립하기 때문에 헤드에 가속이 붙습니다. 이것이 좌우로 작용하는 힘입니다.

상하좌우의 힘이 합쳐지면서 최대 효율 임팩트가 만들어집니다. 즉 최대 가속이 붙었다고 할 수 있습니다.

평소처럼 스윙해서 친 순간 왼발로 지면을 힘껏 눌러 밟으며 뒤로 내딛는다. 주의할 점은 배가 위를 향하지 않도록 하고 왼쪽 아래를 향해 회전하면서 지면을 밟아 올리는 것. 다운스윙에서 지면을 눌러 밟으며 목표 방향으로 회전할 수 있다는 것은 왼쪽 벽이 생겼다는 증거다.

머리나 몸이 왼쪽으로 나가 버리면, 벽이 생기지 않아 최대 효율을 낼 수 없다.

'땡땡이북'은 잘못된 예!

클럽을 당길 때 가장 중요한 것은 하체입니다. 클럽을 당기는 순간 왼발 바깥쪽에 에지가 생기고(왼쪽 벽이 생김), 넓적다리(햄스트링)와 배, 등 근육에 힘이 들어가 버틸 수 있는 자세가 되어야 합니다. 상급자는 임팩트 시에 등이 굽으며 앞쪽으로 기운 자세를 유지하는데, 강하게 당길 수 있을 뿐만 아니라 가슴이나 배가 지면(왼쪽 아래)을 향하는 이상적인 자세입니다.

간혹 스윙의 이미지를 '땡땡이북 같은 움직임'이라고 표현하기도 합니다. 땡땡이북은 소고처럼 작은 북 양쪽에 구슬이 달린 짧은 끈이 부착된 장난감입니다. 땡땡이북의 손잡이를 돌리면 감겨 있던 끈이 바깥으로 풀리면서 끝에 붙어 있는 구슬이 북에 부딪쳐 소리를 냅니다. 이 움직임이 스윙과 비슷하다는 이야기인데, 최대 효율을 내는 스윙을 하려면 클럽을 휘두르는 손이 밖으로 풀리면 안 됩니다. 백스윙에서 몸 가까이 올려 감은 팔은 다운스윙할 때 더욱 몸 가까이에서 휘둘러져야 합니다. 땡땡이북처럼 한 번 감긴 팔을 밖으로 풀어버리면 얼리 릴리즈가 될 수도 있으니 주의해야 합니다.

땡땡이북

땡땡이북은 감겨 있던 끈이 바깥으로(수평 방향으로) 풀리며 날아가는 움직임을 보인다. 그러나 최대 효율 스윙에서는 팔과 클럽이 몸과 가까운 쪽(안쪽)으로 원을 그리며 휘둘러짐으로써 힘을 발휘하므로 땡땡이북에 비유할 수는 없다.

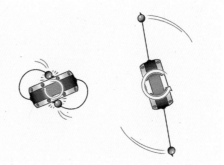

CHECK! 상하·좌우의 힘이 만나 발생하는 최대 효율 임팩트

자신의 몸 쪽으로 당기는 힘에 의해 클럽이 위에서 아래로 내려온다. 다운스윙 시 오른쪽에서 왼쪽으로 체중이 이동하면서 상하 힘에 좌우 힘이 합쳐져 최대 효율 임팩트로 이어진다.

후방

임팩트 순간 등이 둥글게 말리며 앞으로 숙인 자세가 되어야 이상적이다.

최대 효율 임팩트의 순간, 클럽과 공은 어떻게 만날까?

최대 효율 임팩트는 무엇보다 드로우 구질에서 만들어진다는 것이 저의 견해입니다. 그럼 이상적인 드로우 샷을 쳤을 때 클럽과 공은 어떤 상태로 만날까요?

다운스윙에서 임팩트로 향할 때, 몸의 회전에 의해 손이 당겨지면 클럽은 반드시 인사이드 아웃으로 들어옵니다. 몸의 리드로 당겨지는 클럽은 좋은 의미의 지연이 일어나므로 페이스가 약간 열린 상태로 임팩트가 이루어집니다. 페이스는 공에 접근할 때 2~3도 정도 열려 맞으며, 클럽 패스는 그보다 1~2도 정도 안에서 바깥쪽으로 휘둘러집니다(인사이드 아웃 스윙). 이처럼 페이스면은 열리고 스윙 궤도는 안에서 밖으로 접근하되 둘의 각도가 어긋난 상태로 임팩트하면, 공의 회전축(Spin axis)이 좌측으로 기울기 때문에 오른쪽으로 날아가기 시작해 왼쪽으로 휘어지는 비행 궤도를 그리는 드로우 샷이 나옵니다. 이것이 최대 효율 임팩트의 핵심이며, 이상적인 형태입니다.

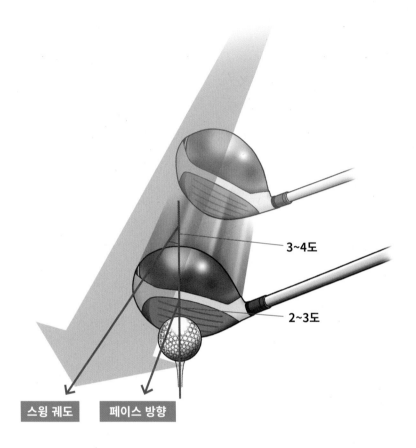

3~4도

2~3도

스윙 궤도 **페이스 방향**

이상적인 임팩트는 페이스면이 공보다 1~2도 열려 맞으며, 클럽은 페이스보다 1~2도 더 안에서 바깥쪽으로 나가는 스윙 궤도를 보인다. 페이스 앵글과 스윙 궤도(클럽 패스)가 어긋난 상태에서 공을 맞히면 공의 회전축이 좌측으로 기울기 때문에 공에는 오른쪽 스핀이 걸리게 되고, 약간 오른쪽으로 날아가기 시작해 왼쪽으로 돌아오는 드로우 샷이 된다.

2 다운스윙
: 클럽을 바르게 휘두르는 움직임

메커니즘을 이해함으로써 날카로운 다운스윙을 실현한다

다운스윙은 극히 찰나에 이루어지는 움직임이므로 그 순간 뭔가 복잡한 조작을 할 수 있는 것은 아닙니다. 이 말은 사실 스윙 전체에 해당하는 말이기도 한데, 다운스윙은 특히 그렇습니다. 다만 그럴지라도 다운스윙할 때 신체의 어느 부분에서 어떤 움직임이 이루어지는지 정확히 알아두는 것은 무척 중요합니다. 동작의 메커니즘을 이해함으로써 보다 이상적인 스윙과 임팩트가 가능해지기 때문입니다.

다운스윙 시의 올바른 움직임을 이해하자

다운스윙의 필수 조건은 '백스윙에서 오른쪽을 향하던 가슴과 배가 왼쪽 아래를 향하도록 한다.'입니다. 몸의 회전에 의해 팔과 손은 오른쪽 다리 앞을 향해 아래로 곧게 당겨집니다. 이 움직임이 중요합니다.

그럼 이제부터 다운스윙 자세를 확인하는 두 가지 드릴을 소개하겠습니다. 첫 번째는 클럽을 들지 않고 섀도 스윙을 하는 방법으로, 주로 몸을 비트는 동작이나 자세를 점검하는 드릴입니다(50~51쪽). 골프 잡지나 책에서 너무 간단하고 기초적인 연습으로 소개하는 바람에 쉬운 동작으로 받아들이는 분도 계실 텐데,

CHECK! **올바른 다운스윙**

오른쪽을 향한 가슴과 배를 왼쪽 아래로 향하게 하면, 몸의 리드로 팔과 클럽을 강하게 당길 수 있을 뿐 아니라 큰 힘을 발휘할 수 있도록 앞으로 기운 자세를 유지하며 임팩트할 수 있다.

앞으로 숙인 자세가 풀려 가슴이나 배가 위를 향하면 몸의 회전을 이용할 수 없어 손으로만 휘두르게 될 뿐 아니라……

임팩트 시에 과도한 어퍼 블로가 나와 버린다. 심할 때는 뒤땅이나 토핑이 나오기도 하며 공을 맞혔다 해도 높이 올라가기만 하고 뻗어 나가지 않는 약한 탄도로 날아갈 우려가 있다.

실제로 완벽하게 소화하는 사람이 많지 않아요.

PART 1에서 말씀드렸듯이 이런 기초 드릴을 얼마나 신중하게 수행하느냐에 따라 스윙 향상 속도는 크게 달라집니다.

두 번째 드릴은 클럽을 이용하지만 스윙을 하는 것이 아니라, 클럽을 땅에 붙이고 클럽을 누르면서 몸을 회전하는 연습입니다. 양팔을 그대로 둔 채로 몸이 돌아가는 감각, 즉 몸으로 리드하는 감각을 키우는 동시에 클럽에 가하는 압력

연습법 **다운스윙 시의 자세 확인 드릴**

클럽 없이 섀도 스윙으로 톱 상태를 만들고 오른쪽으로 완전히 돌아간 지점에서 양팔을 가슴 앞에서 포갠다. 그다음 가슴과 배가 왼쪽 아래를 향하도록 주의하면서 몸을 회전한다. 완전히 돌아간 지점에서 손을 뻗으면 이상적인 스윙 형태가 된다. 이 움직임이 백스윙부터 다운스윙까지의 동작이다. 배나 가슴이 위를 향하지 않도록 주의한다. 배나 가슴이 위를 향하면 손까지 위쪽으로 딸려나가기 때문에 공이 잘 맞지 않는 궤도가 되어 버린다. 천천히 신중하게 실시하면서 자세를 확인하자.

을 통해 다운스윙 중 양팔에 걸리는 부하를 체감할 수 있습니다.

아무리 연습해도 잘 맞지 않거나 자신의 스윙을 동영상으로 체크했더니 과도한 어퍼 블로가 나오고 있다면, 일단 클럽을 내려놓고 이러한 드릴로 몸의 움직임을 재확인하고 올바른 다운스윙 감각을 되찾은 다음 공을 치는 연습으로 돌아가도록 합시다.

클럽 헤드 쪽을 잡고 샤프트 끝을 지면에 붙인다. 샤프트를 지면 방향으로 꾹 누르면서 배와 가슴을 왼쪽 아래로 돌린다. 이때 당연히 샤프트 방향으로 압력이 가해지므로 다운스윙에서 '손이 아래로 내려가는' 움직임을 체감할 수 있다.

발바닥의 비틀림이 날카로운 다운스윙을 연출한다

다운스윙은 가슴과 배가 왼쪽 아래를 향하도록 움직이고, 상체를 앞으로 기울여 몸통에도 힘이 들어가는 자세를 만드는 것이 중요합니다.

그리고 이런 자세는 하체 움직임, 특히 '발바닥을 비트는 것'을 계기로 발생합니다. 하체 동작으로 중심 이동이 이루어지는 것은 다른 스포츠도 마찬가지입니다. 발의 비틀림(꼬임)을 이용해 중심을 이동하는 스포츠라면, 가장 먼저 떠올리기 쉬운 것이 스키입니다. 발바닥으로 마치 지면을 밀어내듯이 비틀지만 실제로 지면이 움직이는 건 아니고 자신의 몸을 움직이는 것이죠.

백스윙 시에는 양 발바닥에 오른쪽으로 비틀리는 힘이 발생합니다. 다운스윙 시 발바닥을 다시 왼쪽으로 비틀면서 되돌아가는 움직임을 계기로 하체가 회전하고, 배와 가슴이 왼쪽 아래를 향하며, 마지막으로 팔과 클럽이 당겨져 공으로 향합니다. 발바닥으로 단단히 붙잡은 지면을 꾹 누르며 비트는 느낌을 상상하면 됩니다(물론 실제로는 꿈쩍도 하지 않죠). 몸의 뿌리인 발바닥부터 비틀어, 하체 → 상체 → 팔·클럽으로 움직임이 연동하면서 최대 파워를 끌어내는 스윙을 완성할 수 있습니다.

백스윙과 다운스윙에서 발바닥에 각각 어느 정도의 힘(비틀림)이 작용하는지 체감하려면, 왼발 하나로 서서 몸을 회전해 보면 된다. 한쪽 다리로 서서, 백스윙 때와 마찬가지로 몸을 오른쪽으로 비틀고 그다음 왼쪽으로 비틀어 되돌아간다. 그러면 백스윙과 다운스윙 시 발바닥에 가해지는 압력, 비틀림이 어떤 것인지 느낄 수 있다. 만약 몸을 왼쪽으로 돌릴 때(다운스윙할 때) 왼발이 지면에서 떨어져 버리면, 힘을 옆으로 이동시키지 못하기 때문에 결과적으로 발바닥을 비트는 움직임이 나오기 어렵다. 이 드릴을 통해 발바닥으로 지면을 단단히 붙잡는 감각을 익히자.

다운스윙에서 클럽은 어떻게 움직이는가

다운스윙 시 팔이나 클럽은 따로 조작하는 게 아니라 신체 움직임에 의해 자연스럽게 휘둘러져 몸을 중심으로 빠르게 도는 형태가 되는 것이 이상적입니다. 단, 아무리 눈 깜짝할 사이 일어나는 일이라고 할지라도 팔이나 클럽이 어떻게 내려와 임팩트로 향하는지 메커니즘을 이해하고 스윙하는 것과 그렇지 않은 것은 확연한 차이가 있습니다.

톱 오브 더 스윙에서부터 곧게 아래로 내려가야 한다

먼저 톱 오브 더 스윙부터 다운스윙까지는 올라간 팔이 몸의 회전에 의해 당겨지면서 수직으로 떨어지듯이 아래로 내려가는 형태가 됩니다. 오른쪽을 향하던 가슴과 배가 왼쪽 아래를 향함에 따라 손이 내려오는 것이 좋은 움직임입니다.

이때 바로 아래가 아닌 앞쪽(공 쪽)으로 팔이 움직이는 사람이 아주 많습니다. 그 상태로 몸을 회전하면 당연히 클럽은 아웃사이드에서 들어와 버리지요. 고질적으로 그런 움직임이 나온다면 교정이 필요합니다.

CHECK! 톱 오브 더 스윙에서 내려가는 팔과 클럽의 움직임

오른쪽을 향했던 가슴과 배를 왼쪽 아래로 향하도록 움직임에 따라 손이 곧게 내려간다.

톱 오브 더 스윙부터 다운스윙에 걸쳐 하체가 왼쪽으로 돌아가는 동안 손과 그립의 끝은 바로 아래(붉은 선 안쪽)로 내려가야 한다. 팔로만 휘두르면 손과 그립 끝이 몸 앞쪽(붉은 선 바깥쪽)으로 내려가 아웃사이드 인 궤도가 되어 미스 샷을 유발할 수 있다.

[교정 방법]

클럽은 어디까지나 자연스럽게 바로 아래로 내려가야 하며, 자신이 손으로 조작해 내리려고 하면 안 된다. 손이 몸에서 멀어지는, 즉 아웃사이드로 내려가 버리는 사람은 클럽을 몸 뒤쪽으로 내리려고 의식하면서 스윙하면 교정할 수 있다.

곧게 내린 클럽을 임팩트로 가져가는 움직임

다운스윙에서 임팩트로 향할 때는 손을 몸 가까이 당겨 클럽 헤드가 서서 오게 합니다. 왼팔을 몸 가까이 오른발 앞으로 내리는데, 몸의 회전으로 리드합니다. 왼팔을 몸과 가까운 쪽으로 당기면 오른팔과 왼팔이 교차할 때 자연스럽게 양 팔뚝에 회전이 일어나면서 클럽은 몸을 중심으로 더 빠르게 돌 수 있게 됩니다. 이 움직임 덕분에 헤드 스피드가 빨라집니다.

손이 몸에서 멀어지면 클럽의 샤프트가 눕혀지기 때문에 설사 공을 맞혔다 하더라도 힘이 실리지 않습니다. 매우 비효율적인 스윙이 되는 것이죠. 헤드는 완만하게 공에 접근해야 하며, 위에서 가파르게 덮어 치듯이 들어오지 않도록 주의해야 합니다. 왼손의 힘이 아래를 향해야 클럽이 세워져서 들어오고 몸 가까이에서 휘둘러지므로 마지막에 클럽이 나오는 타이밍에서 오른손으로 보조합니다.

58~59쪽에 이 메커니즘을 몸에 익히는 드릴을 소개해 드립니다. 손과 클럽을 오른발 앞으로 되돌리는 연습을 통해 몸의 리드로 손과 클럽을 당기는 움직임을 익혀 봅시다. 단계적으로 반복함으로써 다운스윙에서 임팩트로 향하는 움직임을 몸에 새길 수 있습니다.

CHECK! 내린 클럽을 임팩트로 가져가는 움직임

오른쪽 고관절 부근을 향해 똑바로 내려온 손과 클럽이 몸의 회전(리드)에 의해 가까이 당겨져 와 클럽이 몸에 휘감기는 듯한 형태가 된다.

팔 힘만으로 휘두르면 몸의 회전이 없어지므로 안쪽으로 당기는 움직임 도 사라진다. 손과 클럽이 몸에서 멀 어지면, 클럽이 눕혀져서 들어가므 로 공을 제대로 맞히지 못할 뿐 아니 라 아웃사이드 인의 궤도가 되므로 주의해야 한다.

클럽이 올바르게 임팩트로 향하도록 만드는 드릴

1단계 후방

허리 높이까지 백스윙한 다음 하체와 상체를 왼쪽으로 돌리는 동작에 의해 손과 그립 끝이 오른쪽 고관절 부근으로 돌아오게 한다.

2단계 후방

1단계보다 왼쪽으로 몸을 더 많이 회전한다. 오른쪽 고관절 부근으로 내려온 손과 클럽을 몸의 리드로 안쪽으로 당겨 임팩트 바로 전까지 휘두른다.

3단계 후방

마지막 단계에서는 1단계, 2단계에서 수행했던 움직임으로 실제 공을 쳐 본다. 몸을 회전해 팔과 클럽을 당겨 임팩트할 수 있으면 공은 정면이나 약간 오른쪽으로 날아간다. 공이 왼쪽으로 날아간다면 몸이 리드하지 않고 팔로만 휘둘렀을 가능성이 있으므로 다시 1단계와 2단계 움직임을 반복하면서 확인해 보자.

다운스윙할 때 퍼 올리는 움직임이 실패의 원인!

과도한 어퍼 블로는 교정이 필요하다

백스윙하면 클럽 헤드는 뒤로 옵니다. 거기서 다운스윙으로 전환할 때 샤프트가 더욱 뒤로 넘어가 클럽이 눕혀지면 지나치게 인사이드 아웃으로 공에 접근하게 되어 뒤땅을 치거나 과도한 어퍼 블로로 헛스윙할 수 있습니다. 설사 공을 맞히더라도 오른쪽으로 심한 슬라이스가 나올 수 있습니다.

이렇게 클럽이 눕는 사람은 다운스윙 시 오른쪽 어깨가 내려가는 공통적인 문제를 안고 있습니다. 좋은 스윙은 오른쪽 어깨가 내려가지 않고, 클럽 샤프트는 세워져서 내려오게 됩니다. 주의하면 쉽게 고칠 수 있을 것이라 생각하지만 장시간 같은 동작을 반복하며 몸에 밴 버릇이라 고치기가 쉽지 않습니다.

지금부터 과도한 어퍼 블로를 교정하는 드릴을 소개해 드릴게요(62~63쪽). 키워드는 유도의 '업어치기'입니다. 유도에서 상대를 업어치려면 허리가 확실하게 들어가야 합니다. 허리를 넣어 상대를 앞으로 던지는 이미지를 떠올려 보세요. 과장된 표현일지 모르지만, 클럽이 눕는 사람은 이 정도로 과한 동작을 해야 세워져서 들어옵니다.

샤프트가 세워지는 이유는 몸의 회전에 의해 팔이 당겨지기 때문입니다. 몸통(체간)과 다리 힘을 사용해 뒤에서 앞으로 업어 던지는 움직임을 상상하면서 클럽 없이 섀도 스윙을 해보기 바랍니다. 클럽을 뒤로 당긴 다음 업어치기하는 요령으로 다운스윙. 처음에는 극단적인 아웃사이드 인이 되어도 괜찮으니 몸의 회전을 이용해 뒤에서 앞으로 당기듯이 스윙해 보세요.

전환 구간에서 앞으로 기울인 자세가 풀려 가슴과 배가 위를 향하는 다운스윙을 하면, 공을 아래에서 위로 퍼 올리는 과도한 어퍼 블로가 나온다. 심할 때는 공 바로 뒤에서 뒤땅을 치거나, 공의 머리를 때리는 토핑이 나오므로 심한 어퍼 블로로 치는 경향이 있다면 확실히 교정해야 한다.

클럽 없이 맨손으로

먼저 클럽을 들지 않고 섀도 스윙으로 연습한다. 톱 오브 더 스윙에서
시작해 목표를 노리고 위에서 아래로 내던지는 느낌이다.

동영상**으로 체크!**

QR코드를 스캔하면 저자의 연습
동영상을 볼 수 있습니다.

클럽을 쥐고 하는 업어치기 드릴은 3번 우드로 연습한다. 페어웨이 우드는 스윙의 바로미터와 같은 클럽이다. 척추각이 무너지거나 올바른 스윙 궤도로 들어오지 않으면 공이 잘 맞지 않으므로 정확하게 공을 맞히기 위해서는 클럽이 공에 접근할 때 어느 정도 가파른 각도로 들어가거나, 공의 우측 옆부분을 타격하는 것이 중요하다. 클럽이 누워 버리면 제대로 맞지 않는다. 클럽을 뒤로 넘기고 배에 힘을 넣어 스윙. 무거운 것을 짊어지고 있다는 생각으로, 뒤로 비튼 몸을 체간의 힘을 사용해 되돌린다.

필드에서 바로 적용! 심한 어퍼 블로로 공을 맞히지 못할 때의 대응법

심한 어퍼 블로 때문에 공이 제대로 맞지 않을 때, 필드에서 즉시 대응할 수 있는 방법을 소개합니다.

공을 맞히지 못할 때는 일단 무엇이 원인인지 알아야 하지요. 초급자가 공을 맞히지 못하는 원인은 대개 퍼 올리는 움직임 때문입니다. 체중이 오른쪽에 남으면 클럽이 아래쪽에서 위로 올라가면서 공에 접근하기 때문에 심한 어퍼블로가 나옵니다. 그 결과 뒤땅을 치거나 임팩트 전에 클럽이 올라가 퍼 올리면서 공의 윗부분을 치게 되지요. 이 밖에도 공을 치지 못하는 요인은 여러 가지가 있지만 라운드 중에 수정하기란 매우 어렵습니다. 이때 즉효성이 있는 어퍼 블로 대응법을 소개해 볼게요.

CHECK! **심한 어퍼 블로에 즉각적인 효과가 있는 대응법**

평소 어드레스 자세에서 오른발을 한 발 뒤로 뺀다(양발을 앞뒤로 벌린 자세가 됨). 이 자세로 왼쪽 다리에 체중을 90% 실은 채 스윙해 공을 때리면, 척추각을 유지한 채 임팩트해 과도한 어퍼 블로를 방지할 수 있다.

방법은 단순합니다. 평소 어드레스에서 오른발을 한 걸음 뒤로 빼고 체중은 9대 1로 왼발에 싣습니다. 공 위치는 왼발의 연장선상에서 약간 안쪽입니다. 그리고 앞으로 숙인 자세(척추각)를 잡습니다. 이 상태로 오른쪽이나 왼쪽으로 체중을 이동하지 않고 그대로 칩니다. 팔로만 휘둘러도 괜찮습니다. 오른쪽에 체중이 남기 때문에 퍼 올리게 되는 것입니다. 역으로 생각하면, 체중을 왼쪽 다리로 이동하면 헤드업이 방지되고 상체는 앞으로 기울인 자세(어드레스 시의 척추각)를 유지할 수 있습니다. 이것이 과도한 어퍼 블로를 막고 공을 확실히 맞히는 조건입니다. 이를 충족하는 자세가 오른발을 뒤로 빼 왼발에 체중을 90% 실은 어드레스이며, 이 자세로 스윙하면 자연스럽게 심한 어퍼 블로를 방지할 수 있습니다. 이 타법은 필드에서 공이 안 맞을 때의 긴급 대응법인 동시에 공을 정확하게 타격하기 위한 드릴로도 효과적입니다.

'일체감'으로 클럽을 빠르게 휘두르는 움직임을 강화한다

백스윙에서 오른쪽을 향했던 가슴과 배는 다운스윙에서 왼쪽 아래를 향하게 됩니다. 몸의 회전에 당겨지는 형태로 팔과 클럽을 움직이려면 '일체감'이 필요합니다. 일체감이 없으면 힘이 뿔뿔이 흩어져 손으로만 휘두르는 스윙이나 과도한 어퍼 블로를 하는 원인이 됩니다.

몸의 리드로 당겨진 팔과 클럽이 몸을 중심으로 빠르게 휘둘러지는 형태가 이상적입니다. 여기에서는 일체감을 형성해 클럽을 빠르게 휘두르는 힘을 강화하는 드릴을 소개합니다.

연습법 **일체감을 형성해 클럽을 빠르게 휘두르는 힘을 강화하는 드릴**

드릴 ①

그립이 아닌 샤프트를 쥐고 그립 끝은 배에 붙인 다음, 양 팔꿈치를 옆구리에 대고 자세를 잡는다. 그대로 다리와 배의 힘으로 작게 스윙해 공을 친다. 이렇게 치면 팔·클럽·몸이 하나로 연동되어 자연스럽게 일체감을 체험할 수 있다. 이때 배에 약간 압박을 느낄 정도로 양손을 몸 쪽으로 당겨 자세를 잡는 것이 포인트. 팔만 따로 휘두르지 못하게 만듦으로써 다리와 배의 힘으로 스윙한다. 이 드릴을 반복해 다운스윙의 시동을 켜는 '스위치'를 몸에 익히자.

몸의 회전으로 클럽 헤드에 원심력을 더하고, 클럽이 몸을 중심으로 빠르게 휘둘러지는 감각을 익히는 드릴. 평소 그립으로 잡고 클럽 헤드가 오른발 바로 옆으로 올 때까지 백스윙한다. 이때 클럽 헤드가 바른 위치에 있는지 반드시 육안으로 확인한다. 몸의 꼬임과 체중 이동에 의해 오른쪽 다리 근육에 팽팽하게 힘이 들어가는 감각도 느낀다.

오른쪽 다리의 팽팽한 힘을 이용해 왼발 뒤꿈치로 지면을 강하게 누르며 회전하면, 오른쪽 허리가 앞으로 돌면서 골반이 왼쪽 방향으로 돌아간다. 이 회전으로 오른쪽 다리 바로 옆에 있던 클럽이 당겨지고 원심력이 더해져 공으로 향한다. 피니시 포인트는 클럽 헤드와 샤프트가 지면을 향해 내려오는 것. 클럽 헤드와 샤프트가 위를 향하면 심한 어퍼 블로가 될 우려가 있다.

몸을 작게 꼬았다가 되돌리는 연습이지만 하체 리드, 체중 이동, 팔과 몸의 일체감 형성이라는 중요한 요소로 가득 차 있다.

동영상으로 체크!
QR코드를 스캔하면 저자의 연습 동영상을 볼 수 있습니다.

3 전환
: 꼬임의 최대 차이를 만들어내는 타이밍

톱 오브 더 스윙이 아니라 '전환'이라고 생각한다

백스윙에서 클럽이 가장 높이 올라간 정점을 보통 '톱 오브 더 스윙(Top of the swing)'이라고 표현하지요. 그러나 저는 톱 오브 더 스윙이라는 개념보다는 어디까지나 백스윙에서 다운스윙으로 움직이는 전환 구간으로 생각합니다.

잘 알시다피 백스윙으로 클럽이 올라가다 다운스윙으로 바뀌기 시작하는 순간이 '전환(트랜지션)'입니다. 그런데 이 순간을 톱 오브 더 스윙이라고 표현하면 꼭대기에서 멈추는 이미지를 떠올리게 됩니다. 백스윙과 다운스윙이라는 전후의 동작을 분리해서 연상하게 돼요. 하지만 실제로는 하나로 이어지는 스윙의 흐름에서, 위로 올라간 클럽이 아래로 움직이는 순간이므로 톱 오브 더 스윙의 개념보다는 '전환 동작'이라는 표현을 떠올리는 것이 더 적합하다고 생각합니다.

'전환 동작에서 상체보다 하체가 먼저 회전하며 만들어진 꼬임이 다운스윙으로 강하게 풀어지면서 폭발적인 파워가 더해져, 공이 보다 멀리 날아간다.' 이것을 머릿속에 그려 두세요.

전환은 백스윙 중에 시작한다

최대 효율 임팩트에서 빼놓을 수 없는 요소인 전환 동작은 정확히 언제 일어날까요? 그 답을 알기 위해 일단 스윙 동작의 명칭과 흐름을 정리해 봅시다.

스윙은 다음의 흐름으로 이루어지지요. ① 어드레스 → ② 테이크 어웨이 → ③ 백스윙 → ④ 톱 오브 더 스윙(백스윙 톱) → ⑤ 다운스윙 → ⑥ 임팩트 → ⑦ 팔로 스루 → ⑧ 피니시.

'백스윙 → 톱 오브 더 스윙 → 다운스윙'의 흐름에서 올라간 클럽이 내려오는 단계가 전환입니다. 올라갔다가 내려온다는 표현을 쓰긴 했지만, 클럽이 완전히 멈추고 나서 내려오는 것이 아닙니다. 정확히는 전환 동작을 시작함으로써 올라간 클럽이 내려오는 것이지요.

얼핏 보면 전환 구간을 단순하게 '다운스윙으로 내려가기 시작하는 지점'이라고 표현할 수 있지만, 실제로는 클럽이 백스윙으로 올라가는 도중에 전환을 위한 움직임이 시작됩니다. 톱 오브 더 스윙에 이르러서, 다운스윙을 하기 위해 완전히 오른쪽에 실려 있는 체중을 왼쪽으로 이동하면 타이밍이 늦습니다. 톱에 완전히 이른 상태에서 체중 이동을 시작하면 몸이 왼쪽(목표 방향)으로 회전하기 전에 클럽이 먼저 돌아와 버려요.

그 결과 임팩트를 위해 팔을 뻗어서 억지로 공을 맞히려고 하는, 이른바 스쿠핑이 되고 몸의 척추각이 펴지면서 꼬임 없이 임팩트가 나오게 되지요. 설사 손을 뻗어서 공을 맞혔다 해도 샤프트에 휘어짐이 생기지 않고 상체와 하체의 꼬임이 없기 때문에 힘이 실리지 않아요. 톱에 이른 다음 전환한다고 생각하면 이처럼 효율이 낮은 스윙이 나올 수밖에 없습니다.

톱에 이르기 전, 즉 백스윙 도중에 전환 동작을 시작하면 클럽은 관성에 의해 올라가고 배는 왼쪽으로 돌아오기 시작하는데, 그 시점이 바로 톱 오브 더 스윙입니다. 그러면 하체 움직임이 먼저 시작되고 클럽이 이후에 들어오므로 하체가 리드를 하는 좋은 의미의 지연이 생깁니다. 이와 같이 상·하체 분리 동작으로 꼬임이 축적되면, 그때부터 몸을 중심으로 손이 빠르게 휘둘러지면서 헤드가 단번에 쫓아오고 클럽이 가속합니다.

CHECK! 전환 시의 클럽 위치

오른쪽 옆구리와 오른쪽 가슴 회전이 한계에 다다라 몸이 왼쪽으로 되돌아가려고 할 때, 손은 어느 위치에 있어야 좋을까? 다운스윙에서는 클럽을 곧게 아래로 내려야 하므로 전환 시의 위치는 낮지 않다. 오른쪽 어깨 바로 위나 약간 등 쪽에 있는 상태(왼쪽과 같이 지면과 평행을 이루는 삼각형)가 기준.

백스윙에서 오른쪽으로 회전하며 만든 최대의 꼬임을 반대 방향으로 되돌리는 순간이 전환입니다.

CHECK! **전환 타이밍**

오른발 외측에 체중이 실리고 몸의 꼬임이 한계에 이르렀을 때, 전환이 시작된다. 일부러 되돌리려 하지 않아도 오른쪽 옆구리와 가슴이 더 이상 비틀어지지 않는 것을 신호로 자연스럽게 전환이 일어난다.

전환 동작의 스위치를 기억하자

오른발의 '팽팽한 긴장'이 최적의 신호다

전환 타이밍은 '오른쪽 벽'이 키워드라고 할 수 있습니다. 오른쪽으로 회전해 몸의 꼬임을 만들어 가장 큰 힘이 쌓였을 때 왼쪽으로 되돌리는 것이 전환입니다. 백스윙 시 오른발에 팽팽하게 텐션이 걸려 더 이상 비틀어지지 않고 한계에 다다른 지점이 전환 타이밍, 즉 '스위치'가 됩니다.

하체, 허리, 배, 어깨, 팔 등 모든 부위가 연동함으로써 최대 효율 임팩트가 만들어집니다. 어느 한 부분이라도 느슨하면 그 부위의 '힘의 실'이 끊어져 연동하지 않습니다(힘의 실은 98쪽에서 자세히 설명하겠습니다).

거듭 강조하지만 최대 효율을 내는 스윙은 하체가 리드하여 상체를 당기는 메커니즘으로 이루어지므로 전신의 일체감 형성은 필수입니다.

백스윙할 때 오른쪽 넓적다리 뒤쪽에 텐션이 들어가고, 오른쪽 옆구리와 가슴도 꼬임으로 인한 압박이 가해진다. 각 부위가 더 이상 조여지지 않을 때, 그것이 스위치가 되어 하체부터 왼쪽으로 되돌아가기 시작하는데, 이때도 클럽은 관성에 의해 계속 올라간다. 이 역방향의 움직임으로 힘이 크게 '응축'된다.

오른쪽 다리가 버티지 않고 늘여져 텐션이 사라지면 몸이 계속 돌아간다. 언뜻 보기에는 몸을 비튼 듯이 보이지만, 어디에도 힘이 쌓이지 않아서 억지로 몸을 되돌려야 하므로 효율이 크게 떨어진다.

얼리 릴리즈를 방지한다

얼리 릴리즈는 다운스윙 구간에서 팔과 클럽이 너무 일찍 풀리는 현상을 말합니다. 얼리 릴리즈가 일어나면 임팩트 시 힘이 실리지 않고 헤드 스피드가 떨어져 뒤땅이나 토핑이 나오기 쉽습니다.

얼리 릴리즈의 주된 원인은 하체가 리드하는 전환(스위치를 켬)이 이루어지지 않았기 때문입니다. 앞에서 설명했듯이 백스윙 시 오른쪽으로 넘어간 체중의 이동이 늦은 것이 문제입니다. 하체가 리드하지 않으면 상체(팔 또는 어깨)로만 움직이는 스윙이 되어 응축된 힘이 실리지 않습니다.

톱에 다 이르러서 체중을 이동하는 게 아니라, 클럽이 다 올라갔을 때는 이미 왼쪽으로 체중이 실린 상태에서 전환이 이루어지고 있어야 합니다. 클럽이 오른쪽으로 올라가는 사이에 하체는 왼쪽으로 되돌아오면서 클럽에 스피드와 원심력이 실리게 됩니다.

여기서 최대 효율을 내는 전환 동작의 메커니즘을 익히는 드릴 두 가지를 소개해 드릴게요. 집중적으로 실시하면 전환 시의 체중 이동과 전환 스위치를 켜는 요령을 익힐 수 있습니다.

드릴 ①

양발 사이를 좁혀 선 다음 무릎을 가볍게 굽혀 중심을 낮춘다. 공은 왼발 바깥쪽에 둔다. 백스윙과 동시에 왼발을 왼쪽으로 내디디며 공을 친다. 이때 발을 너무 넓게 벌리면 머리와 축이 함께 움직이므로 주의! 다리를 벌렸을 때 공이 양발 가운데에 오는 정도가 이상적이다. 중심이 높으면 머리가 좌우로 흔들리기 쉬우므로 왼발을 움직일 때 중심을 낮추는 것이 포인트.

드릴 ②

하체부터 전환하는 동작을 익히기 위해 백스윙 시 체중을 오른쪽에 싣지 말고 왼쪽에 체중을 더 실어 가면서 스윙한다. 얼리 릴리즈가 나오는 사람은 왼쪽에 체중이 실려서 배에 힘이 들어가는 이 전환 동작을 기억하는 것이 중요하다.

4 백스윙
: 3D로 이해하는 몸의 꼬임

백스윙은 역방향으로 하는 스윙

백스윙의 팔 동작을 시곗바늘로 표현하면, 대략 8시를 가리키는 시점부터 전환 동작이 시작되기 전까지 위로 올라가는 움직임이라고 할 수 있습니다. 전환 시 효율을 높이기 위해 팔을 어떻게 휘둘러 올리느냐가 백스윙 포인트입니다. 목표 방향과 거꾸로 가는 스윙이라서 '백스윙'이라고 부르며, 다운스윙만큼이나 매우 중요한 역할을 담당합니다.

백스윙할 때도 팔과 클럽을 올바르게 움직이는 기준이 있으며, 이것이 제대로 이루어져야 전환 동작에서 좋은 포지션, 좋은 자세가 나옵니다.

백스윙의 목적은 강력한 임팩트로 이어지는 몸의 꼬임을 만드는 것입니다. 그러려면 상체와 하체를 역방향으로 비틀 필요가 있습니다. 상체는 어깨를 확실히 비틀어야 하는데, 앞으로 기운 척추각을 유지하며 양쪽 어깨를 회전합니다. 오른쪽 가슴과 오른쪽 옆구리는 좌우로도, 상하로도 비틀어집니다. 이때 팔은 상체의 꼬임을 보조하기 위해 올라가는 이미지로, 왼팔은 약간 멀고 낮게 밀어 넣는 감각으로 움직여야 어깨를 회전하기 쉽습니다(어깨가 턱 아래에 오도록).

하체는 오른쪽 넓적다리 뒷부분과 엉덩이에 걸쳐 부하가 걸리는데 오른쪽으로 꼬여지는 상체와는 반대, 즉 왼쪽으로 비틀어집니다. 이로 인해 상체와 하체의 꼬임 차가 발생하지요. 이 하체의 꼬임이 오른쪽 벽을 만드는 방법이기도 합

후방

정면

앞으로 기운 척추각을 유지하며 양쪽 어깨가 회전하면 좌우와 상하로 몸이 비틀어진다. 가로나 세로 어느 한쪽이 아니라 3D의 형태로 몸의 꼬임을 이해하는 것이 중요하다. 이때 상체는 오른쪽으로 비틀어지는 한편, 하체 특히 오른쪽 넓적다리는 왼쪽으로 돌면서 비틀어진다. 하체와 상체가 다른 방향으로 비틀어짐으로써 발생하는 꼬임의 차이가 강력한 파워를 만든다.

니다.

상체를 오른쪽으로 비틀 때 오른쪽 다리가 자유로운 상태라면 몸은 한없이 오른쪽으로 비틀어질 것입니다. 하지만 오른쪽 다리가 왼쪽으로 비틀어지며 지탱해주면 그것이 스토퍼가 되어 상체 꼬임에도 브레이크가 걸립니다(팔이나 클럽은 관성의 힘으로 올라감). 이것이 전환 타이밍을 알리는 스위치이지요.

'어깨가 완전히 회전되지 않는다'라는 지적을 받는 분은 배가 움직이지 않음으로써 상·하체 꼬임의 차이도 생기지 않아 손으로만 휘둘렀다고 이해하시면 됩니다. 반면, 몸이 유연하지 않아서 90도까지 가지 못하고 60~70도밖에 비틀지 못했다고 해도, 오른쪽 다리를 제대로 비틀어 되돌아가려고 하는 저항이 있으면 상·하체 꼬임이 이루어진 것이므로 문제없습니다.

■ 오른쪽 무릎이 펴져서 앞으로 숙인 자세(척추각)가 풀린다

오른쪽 무릎이 펴져서 팔만 올려 버린다. 오른쪽 다리의 텐션과 복부 힘을 사용하지 않으면 중심이 올라가 팔로만 휘두르게 되므로 최대 효율과는 거리가 멀어진다.

■ 오른쪽 팔꿈치가 너무 일찍 접혀서 업어치는 아웃사이드 인 궤도가 된다

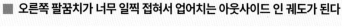

이 동작도 팔로만 휘두르는 스윙을 유발하기 쉽다. 오른쪽 팔꿈치가 일찍 구부러지면 클럽과 팔은 올라가지만 상·하체 꼬임의 차이는 전혀 발생하지 않는다. 백스윙에 들어갈 때 멀리 아래로 밀어내는 움직임을 상상해 보자!

백스윙도 일체감이 중요하다

초급자에게서 흔히 볼 수 있는 잘못된 동작으로, 팔꿈치가 구부러져 위크 그립 (왼손이 열린 듯한 모양)이 되는 자세가 있습니다. 이렇게 그립을 잡으면 백스윙 시 어깨의 꼬임이 없고 몸이 따라가지 않아 손만 따로 노는 형태로 클럽을 올리게 됩니다. 백스윙에서도 신체의 일체감이 중요하므로 제대로 교정해 봅시다.

백스윙에서 손만 분리된 듯한 움직임이 나오는 사람은 팔꿈치 형태를 다시 점검해 봄으로써 문제를 개선할 수 있습니다. 겨드랑이를 가볍게 조인 상태로 자세를 잡으면 몸과 팔에 일체감을 만들 수 있습니다.

일단 겨드랑이를 가볍게 조인 상태에서 어깨를 앞뒤로 회전하면 몸의 회전에 따라 팔이 자연스럽게 움직입니다. 이처럼 팔이 몸에 실린 듯한 감각을 느끼면서 팔꿈치를 옆구리에 붙이듯이 약간 안쪽으로 모으고 클럽을 쥡니다. 그러면 일체감이 생겨 어깨와 팔을 함께 움직이기 쉽습니다.

팔꿈치가 안쪽으로 향하느냐 바깥쪽으로 향하느냐에 따라 자세도 달라집니다. 일체감 있는 백스윙을 하기 위해 팔꿈치는 안쪽을 향하게 합시다.

팔꿈치를 옆구리에 붙이듯이 양 팔꿈치를 안쪽으로 모으면 겨드랑이가 조여져 일체감이 생기기 쉽다. 그 상태에서 백스윙하면 반드시 어깨가 회전된다.

몸 전체에 일체감이 생겼기 때문에 하체부터 돌리기 시작하면 팔과 클럽도 자연스럽게 오른쪽으로 올라간다.

발바닥으로 지면을 붙잡아 강한 꼬임을 만든다

백스윙에서도 발의 움직임은 매우 중요한데요. 지금부터 스윙 중 발(발바닥)의 움직임에 대한 포인트를 알려 드리겠습니다.

백스윙을 할 때 발은 (골프화 속에서) 우측으로 움직입니다. 그리고 전환 동작과 다운스윙을 할 때는 (골프화 속에서) 좌측으로 움직이는 상태가 됩니다. 이런 움직임이 일어날 때 발바닥을 지면에 단단히 붙여 다리가 움직이지 않도록 고정하면 상체가 움직입니다. 달리 말하면 발바닥 힘을 이용해 상체를 움직일 수 있다는 뜻이지요.

백스윙할 때 발 바깥쪽으로 힘이 들어가면서 오른발이 들릴 때도 있습니다. 그러면 에지가 생기지 않아 스토퍼의 기능을 잃고 몸의 꼬임이 생기지 않아요. 지면을 단단히 붙잡는다는 감각으로 확실히 버텨야 몸이 강하게 꼬이는 좋은 백스윙이 이루어집니다.

반대로 다운스윙은 왼발을 바깥쪽으로 돌리려는 움직임입니다. 발이 오른쪽 바깥쪽에서 왼쪽 바깥쪽으로 비틀어지는 움직임에 의해 의식하지 않아도 상체가 저절로 움직입니다. 발의 움직임으로 만들어진 힘이 연동되어 클럽이 자연스럽게 따라 휘둘러지는 것, 이것이 하체가 리드하는 스윙입니다.

'발로 움직인다'라고 해도, 오로지 발바닥 힘만으로 움직이는 것은 아닙니다. 몸통(체간)에도 힘이 들어가는 자세를 취하는 것이 중요합니다. 바깥쪽으로 비틀었다가 되돌리는 것. 이것이 가능하다면 스윙의 메커니즘은 거의 완성 단계라고 봐도 좋겠습니다.

CHECK! 발바닥의 비틀림을 사용하지 않는 백스윙

발바닥으로 지면을 단단히 붙잡지 않고 백스윙에서 오른발이 들리면, 몸의 꼬임을 활용할 수 없다. 전환 동작에서 몸이 위를 향하기 쉬운데, 그러면 오른쪽 어깨가 내려가 심한 어퍼 블로가 나오거나 자세를 되돌리기 위해 상체를 급하게 숙이는 등의 에러가 발생한다. 오버 스윙이 나오는 사람에게 자주 보이는 동작으로, 이를 방지하려면 발바닥으로 지면을 붙잡듯이 단단히 디뎌 오른발이 들리지 않도록 주의해야 한다.

연습법 오른발로 서서 회전하는 드릴

오른발 하나로 서서 백스윙을 하듯이 몸을 오른쪽으로 돌린다. 이때 오른발을 오른쪽 외측으로 회전해 비트는 움직임에 의해 몸이 오른쪽으로 틀어져야 한다. 이를 통해 발바닥의 비틀림과 연동해 몸이 움직이는 것을 체감할 수 있다. 오른쪽 넓적다리는 몸통 회전과 역방향으로 힘이 들어가면서 오른쪽 다리가 스토퍼가 되어 상·하체 꼬임의 차이가 생기는 것도 체감할 수 있는 드릴이다.

그럼 지금부터 하체가 리드하는 백스윙 감각을 익히는 드릴을 소개합니다. 이 드릴은 백스윙과 다운스윙, 상체와 하체의 꼬임을 체감하기 위한 이미지 트레이닝입니다. 백스윙에서 왼쪽 무릎을 약간 앞으로 내밀어지고, 전환하면 오른쪽 무릎이 앞으로 나오며 왼쪽 무릎이 펴집니다. 하체부터 되돌아가는 움직임을 머릿속으로 떠올리는 것이 훈련의 목적입니다.

연습법 **하체가 리드하는 백스윙 감각을 익히는 드릴**

왼손으로 클럽 중앙을 쥔 다음 상체를 앞으로 숙이고 무릎을 약간 구부려 실제 공을 칠 때의 자세를 취한다. 쥐고 있는 클럽을 양쪽 무릎 약간 위쪽에 대고 가볍게 누른다(오른손은 왼쪽 어깨에 둠). 이것이 시작 자세다.

백스윙 동작으로 왼쪽 어깨를 턱 가까이로 가져온다(오른손으로 도와도 OK). 이때 하체는 오른쪽으로 움직이려는 힘에 저항하고 있어야 한다. 오른발 바깥쪽에 에지가 생겨 언제든 왼쪽으로 되돌아갈 수 있는 상태가 된다. 무릎 위에 닿은 클럽을 최대한 움직이지 않으면 몸의 꼬임을 더 강하게 느낄 수 있으며, 상·하체의 꼬임의 차이가 생긴다. 이 상태에서 배와 등, 오른쪽 햄스트링, 왼쪽 다리 안쪽에 텐션이 느껴지면 OK.

전환할 때는 어깨를 먼저 움직이지 말고 무릎 위에 지그시 대고 있는 클럽을 먼저 움직인다. 타깃에 대해 왼쪽을 노리듯이 하고, 한계까지 돌아갔을 때(임팩트) 배꼽이 왼쪽 아래를 향하고 있으면 OK. 앞으로 숙인 자세를 유지하고 어깨는 타깃과 스퀘어, 클럽은 타깃보다 왼쪽을 가리키도록 한다.

5

테이크 어웨이
: 에지를 살리는 스윙의 시동

스윙의 시동도 하체부터 시작한다

테이크 어웨이는 말하자면 스윙에 '시동'을 거는 것이라고 할 수 있습니다. 왼쪽으로 회전(체중 이동)하기 위한 준비 단계로, 힘을 모으는 역할을 합니다. 스윙은 하체로부터의 연동이 핵심이므로 테이크 어웨이에서도 먼저 움직여야 하는 부분은 하체죠. 발바닥과 넓적다리에 힘이 들어가 하체부터 비틀기 시작하면 배와 어깨도 비틀어지고 이와 연동해 팔까지 움직입니다.

클럽 헤드에서 공으로 전달되는 에너지양을 나타내는 스매시 팩터(Smash factor, 볼 스피드를 헤드 스피드로 나눈 값)를 높이고 싶다면, 당연히 테이크 어웨이 범위가 짧아야 좋습니다. 저는 시곗바늘이 8시를 가리키는 범위까지 클럽 헤드를 움직입니다. 여기까지 움직였다면 오른쪽 넓적다리와 엉덩이, 배, 몸통 부위에 팽팽한 텐션이 생기므로 왼쪽으로 되돌아가는(체중 이동하는) 계기로는 충분합니다.

'어드레스' 항목에서도 소개하겠지만, 시동 직전에는 적당한 텐션이 필요합니다. 텐션이 있어야 일체감이라는 힘의 실로 몸 전체를 연결할 수 있고, 그러려면 최소한의 힘이 필요합니다. 단 그렇다고 어깨에 과도한 힘이 들어가면 몸이 굳어서 실수가 나오기 쉬우므로 주의해야 합니다. 양팔로 몸통을 가볍게 조일 정도의 힘이 어깨관절이나 옆구리에 들어가면 상체와 팔의 일체감이 생기기 쉬울

CHECK! 올바른 테이크 어웨이

정면

후방

클럽은 의식적으로 올리는 것이 아니라 자연스럽게 올라가야 좋다. 스스로 의식해서 올리는 것은 손이 8시 방향을 가리키는 정도로 충분하다. 그 후 클럽은 어깨에서 머리까지 더 올라가지만, 어디까지나 관성의 힘이다. 의식해서 팔을 올리려고 하면 불필요한 힘이 들어가 자신의 감각 이상으로 클럽을 움직이게 된다.

■ 왼쪽으로 가는 준비는 빠르게

이 시점에서 이미 왼쪽으로 갈 준비를 시작한다.

클럽이나 팔이 관성력에 의해 올라가는 도중 하체는 왼쪽(목표 방향)으로 돌기 시작한다.

상·하체의 꼬임 덕분에 힘이 응축되고 큰 에너지로 이어진다.

것입니다.

테이크 어웨이를 할 때 팔이 완전히 느슨한 상태로 있으면, 일체감이 생기지 않아 팔만으로 클럽을 들어 올립니다. 뿐만 아니라 몸 어디도 당기지 않으므로 왼쪽으로 돌아가는 계기를 만들기 위해 텐션이 생기는 지점까지 억지로 팔을 올리게 됩니다. 그러면 동작도 커지는 데다 몸의 연동도 일어나지 않으므로 따로따로 움직여 스윙 궤도가 어긋나고 임팩트의 정밀도도 떨어집니다. 이런 버릇이 있는 사람은 좀 더 의식적으로 테이크 어웨이를 연습할 필요가 있습니다.

CHECK! 올바른 테이크 어웨이를 익히자

팔과 클럽을 일직선 상태로 만든다. 손목과 팔꿈치도 굽히지 말고 어깨와 함께 몸의 꼬임을 사용해 움직여 간다. 자꾸 손으로 클럽을 들어 올리는 사람은 일직선으로 만든 팔과 클럽을 지면과 가깝게 밀어낸다는 생각으로 움직이면 도움이 될 것이다.

동작 초반에 어깨가 돌아가지 않고 팔로만 클럽을 올리면 안 된다. 오른쪽 팔꿈치를 빨리 접지 않도록 주의!

 팔과 클럽을 일직선상에 둬도 어깨를 중심으로 움직이려고 하면 몸 어디에 도 브레이크가 걸리지 않아 백스윙이 커지고 불안정해지므로 주의한다.

테이크 어웨이의 페이스 앵글이 곧 임팩트의 모양이다

클럽 페이스 앵글은 퍼터처럼 똑바로 당겼다가 그대로 보내는 감각을 가지는 것이 이상적입니다. 스윙의 완성도에 따라 페이스 앵글에 대한 감각은 사람마다 제각각이지만, 상급자일수록 페이스면을 '돌리지 않는' 감각에 익숙합니다.

테이크 어웨이에서 페이스 앵글을 체크하는 타이밍은 클럽 헤드가 눈높이에 왔을 때입니다. 이때 페이스 앵글은 상체를 앞으로 숙인 척추각과 거의 같습니다. 여기서 그대로 몸을 왼쪽으로 회전하면 임팩트 시의 페이스 형태가 됩니다. 손으로 돌려주지 않아도 몸을 회전함에 따라 페이스가 정확하게 되돌아옵니다.

이때 조심해야 할 것이 페이스를 바깥쪽으로 돌리는 동작입니다. 손이 열려 버려서 팔로만 휘두르게 되거나 슬라이스가 나오는 원인이 됩니다. 한편 스퀘어한 임팩트를 유지하려고 지나치게 의식하다 보면 페이스가 과도하게 닫힌 상태로 올라갑니다. 그 상태로 임팩트를 향하면 아웃사이드 인으로 업어치는 궤도가 나와 풀 훅 등의 미스 샷으로 이어지기 쉬우므로 주의하세요.

CHECK! 테이크 어웨이에서 페이스면을 확인!

이때의 페이스 앵글은 척추각과 거의 같다.

눈으로도 확인!

그대로 몸을 왼쪽으로 회전해 클럽을 되돌리면 이상적인 임팩트 형태가 된다.

■ 잘못된 테이크 어웨이 동작

손목을 돌려서 클럽을 올리면 페이스가 과도하게 열린다.

페이스를 똑바로 유지하는 것을 너무 의식하면 페이스가 지나치게 닫힌 상태로 올라가 버린다.

부드럽게 시동을 거는 계기를 만든다

어드레스 자세에서 좀처럼 시동이 걸리지 않아 움직이지 못한 채 가만히 있는 아마추어 골퍼가 많습니다. 가만히 정지한 상태에서 몸의 각 부위를 연동해 움직이기란 생각보다 훨씬 어렵습니다. 그 이유는 테이크 어웨이, 즉 스윙의 시동을 걸 '계기'가 없기 때문입니다. 사람마다 타이밍이나 계기가 조금씩 다르겠습니다만, 참고가 될 만한 시동 거는 법 두 가지를 소개하겠습니다.

목표 방향으로 손(그립)을 한 번 살짝 움직인 다음, 테이크 어웨이에 들어가는 방법. 포워드 프레스 (Forward press)라고 부르는데, 프로 골퍼도 많이 사용하는 방법이다.

CHECK! **테이크 어웨이의 시동을 거는 방법 ②**

시동을 걸기 전 무릎을 굽혀 햄스트링과 엉덩이에 힘을 주어 클럽을 올린다. 이렇게 하면 올리기 직전에 발바닥의 압력이 높아져 오른발이 지면을 딱 붙잡게 되므로 몸이 오른쪽으로 기울지 않고 그 자리에서 비틀 수 있다.

일체감을 가지고 어드레스 → 테이크 어웨이로 이행한다

하체부터 움직여 상체와 팔, 클럽을 연동시키려면 일체감을 빼놓을 수 없습니다. 계속 강조하듯이 스윙은 일체감이 정말 중요합니다.

바로 뒤에서 이어지는 '어드레스' 항목에서는 어드레스 시의 포인트를 자세히 설명할 텐데요. 애써 어드레스를 잘해 놓고도 정작 테이크 어웨이를 하면 각 부위가 따로 노는 사례를 흔히 볼 수 있습니다. 원인은 분명합니다. 클럽을 '들지 않고 쥐고 있을 뿐'이기 때문입니다. '들다'와 '쥐다'는 비슷해 보이지만 확연히 다릅니다.

많은 사람이 오른손, 왼손(또는 왼손, 오른손)으로 클럽을 쥡니다. 클럽을 지면에 댄 상태에서는 아직 쥐고 있을 뿐 들고 있지는 않지요. 클럽을 든다는 것은

■ 일체감 없는 테이크 어웨이

그립을 쥐고 있기는 하지만, 팔과 몸에 일체감이 없으면 테이크 어웨이에서 손으로만 클럽을 들어 올려 팔로 휘두르는 스윙이 된다.

손으로 클럽의 무게를 느낀다는 뜻입니다. 스윙할 때에야 처음으로 클럽을 들어 올리는 사람이 있는데 무거운 것을 갑자기 들어 올리려고 하면 손으로만 올리거나, 손이 경직되어 불필요한 힘이 들어가기 쉽습니다. 그러면 테이크 어웨이에서 각 부위가 부드럽게 연동되지 않고 따로 노는 움직임이 나오지요.

　이런 문제를 해결해 클럽, 팔, 몸에 일체감을 형성하고 스윙을 시작하는 방법이 있습니다. 스윙하기 전에 클럽을 한 번 들어 올리는 것입니다. 클럽 솔을 지면에 붙여 자세를 잡은 뒤 조금이라도 괜찮으니 클럽을 들어 올려 주세요. 이때 클럽의 무게를 느끼면서 팔과 몸의 신경이 통하고 처음으로 일체감이 생깁니다.

CHECK! 일체감 있는 테이크 어웨이를 만드는 방법

양손으로 클럽을 쥐고 어드레스를 취한 시점에서 클럽 헤드를 한 번 들어 올려 클럽의 무게를 느낀다. 클럽 · 팔 · 몸통에 일체감이 생기면 하체의 리드에 이끌리듯 팔과 클럽이 올라가고 각 부위가 연동하는 테이크 어웨이가 이루어진다.

일단 클럽을 들어 올려 왜글(Waggle, 손목을 가볍게 움직이는 동작)을 하거나 예비 동작을 취해 일체감을 유지한 상태에서 스윙에 들어가 보세요.

일체감을 지니고 스윙을 시작하는 것은 정말 중요한 부분이므로 루틴으로 만들어 매번 똑같이 수행하는 것도 필요합니다.

그럼 지금부터 일체감 있는 스윙을 익히는 드릴을 소개합니다. '손목으로 클럽을 들어 올린다. → 상체를 오른쪽으로 비튼다. → 그 상태에서 스윙해 공을 친다.' 이렇게 3단계로 진행하는 드릴입니다. 클럽을 들어 올리면 몸에 적당한 텐션이 생기고 그 상태에서 상체를 비틀면 하체에도 힘이 쌓이기 쉬워 효율적인 백스윙이 나옵니다.

클럽을 든 손의 움직임은 상하 운동이고 비틀고 되돌아가는 것은 좌우 운동입니다. 이 드릴을 통해 스윙이 상하좌우의 움직임이 합쳐진 동작이라는 사실도 이해할 수 있습니다.

어드레스 자세에서 손목으로 클럽이 지면과 평행해질 정도까지 들어 올린다. 이때 척추각은 변하지 않아야 하며 손으로만 클럽을 들어 올린다. 다음으로 머리가 움직이지 않도록 주의하며 그 자리에서 상체를 오른쪽으로 비틀면 클럽이 세워진 상태가 된다. 마지막으로 몸을 왼쪽으로 되돌려 스윙해 공을 친다. '들어 올린다 → 비튼다 → 되돌린다'의 3단계로 이루어지는 드릴이다.

발이 움직이지 않고 팔로만 스윙하면(오른쪽 발바닥이 들리지 않으면) 안 된다.

동영상으로 체크!
QR코드를 스캔하면 저자의 연습 동영상을 볼 수 있습니다.

6

어드레스
: 힘의 실로 몸 전체를 연결한다

좋은 스윙은 좋은 자세에서 탄생한다

어드레스의 역할은 몸과 클럽의 일체감을 만드는 것입니다. 일체감이 필요한 부위는 크게 다리, 허리, 배, 어깨, 팔 그리고 클럽으로 나눌 수 있으며 이들 부위가 톱니바퀴 맞물리듯 견고하게 연동해 움직일 때가 바로 일체감이 형성된 상태입니다.

어드레스에서 이런 상태를 만들지 못하면 각 부위가 따로따로 움직이는 스윙이 될 수밖에 없습니다. 몸을 지탱하는 다리, 클럽을 드는 팔, 배와 등의 근육 등 올바른 스윙을 위해 동원되어야 하는 부위가 당겨져야(텐션이 들어가야) '힘의 실'이 연결되어 각 부위에 일체감이 생깁니다.

어드레스에서는 몸에 불필요한 긴장이 들어가지 않아야 하지만, 그렇다고 완전히 느슨해서는 안 됩니다. 일체감을 가지려면 그립과 하체(햄스트링), 어깨관절(겨드랑이 부근)에 약간의 텐션이 들어가야 합니다.

텐션(힘의 실)의 작용으로 하체, 상체, 팔, 클럽의 톱니가 맞물리고 그에 따라 어느 한 부위만 움직여도 모든 부위가 연동해 자연스럽게 따라갑니다. 일체감이란 신체의 연동이 가능한 상태예요. 일체감이 있으면 어느 한 부분에 과도한 힘이 들어가 스윙 밸런스가 무너지는 일도 막을 수 있습니다.

톱니가 딱 맞물리는 좋은 어드레스를 만들면 하나의 톱니에만 시동을 걸어도

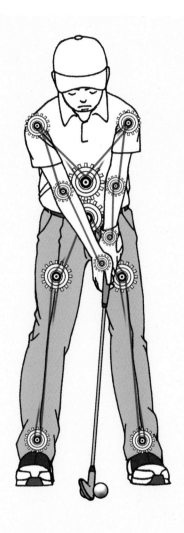

신체의 각 부위(톱니)가 힘의 실로 연결된다(= 일체감 있는 어드레스가 된다).
발이 움직이면 다른 부위도 연동해 움직인다.

몸 전체가 움직입니다. 이것이 가능하다면 팔부터 움직여도 다리에 영향을 미치므로 상관없습니다. 다만 다리에 힘을 준 뒤 움직이는 편이 근육에 더 큰 텐션을 줄 수 있으므로 보다 이상적인 움직임이라고 말할 수 있는 것이죠.

어드레스 전에 그립을 수정하자

톱니바퀴가 맞물린 어드레스를 만들 때 가장 먼저 문제가 발생하기 쉬운 부분이 그립입니다.

이상적인 그립은 어깨, 팔, 클럽에 일체감이 생기도록 잡는 것이죠. 이를 위해 '왼손은 밀고 오른손은 당기는 형태'로 그립합니다. 왼손에는 미는 힘이 작용하는데, 이때 텐션을 느끼는 곳은 중지부터 새끼손가락까지 세 손가락입니다. 엄지와 검지는 없어도 될 정도의 느낌입니다. 이렇게 하면 손목을 매우 유연하게 유지할 수 있습니다.

한편 오른손은 쥐지 않고 '살짝 거는 느낌'입니다. 검지, 중지, 약지 세 손가락의 두 번째 관절 부근을 그립에 걸고 그 부위로 '당깁니다'. 그러면 왼손과 마찬가지로 힘을 주지 않으면서 손목을 부드럽게 사용할 수 있어요.

이 그립법은 다음과 같은 이점이 있습니다.

첫 번째는 다운스윙 시 클럽이 세워진 상태로 휘두를 수 있습니다. 흔히 '클럽이 누워서 들어온다.'라고 하는데, 그렇게 되면 뒤땅이나 심한 어퍼 블로 등의 미스 샷이 나옵니다. 클럽이 세워져 있으면 미스 샷을 방지할 뿐만 아니라, 인사이드 아웃의 스윙 궤도로 들어와 최대 효율 임팩트를 이룰 수 있습니다.

두 번째는 클럽 페이스를 돌리기 쉬워진다는 점입니다. 왼손은 위에서 아래로 클럽을 밀고 있고 오른손은 아래에서 위로, 자신을 향해 당기고 있습니다.

왼손은 밀고 오른손은 당기는 상반된 힘을 넣어 그립하면 강한 힘을 들이지 않고도 손에 착 붙는 그립을 할 수 있다. 그 외에도 클럽이 뒤로 눕혀지지 않고 세워진 상태로 다운스윙을 할 수 있고, 페이스가 잘 돌아가는 등 이점이 많다.

실제로 해보면 느끼겠지만, 이 힘의 균형으로 그립을 쥐면 자연스럽게 클럽 페이스가 돌아옵니다. 슬라이스 때문에 고민하는 분이라면 특히 이 그립법에 주목하기 바랍니다. 클럽 페이스를 잘 돌릴 수 있게 되어 스퀘어로 공을 맞힐 수 있을 것입니다.

CHECK! 왼손은 밀고 오른손은 당기는 그립의 이점

■ 클럽 샤프트가 세워져서 내려온다

스윙 중 왼손은 밀고 오른손은 당기는 힘의 균형이 유지되면 클럽의 샤프트가 자연스럽게 세워져서 내려온다. 샤프트가 뒤로 눕혀져서 내려오는 탓에 유발되는 미스 샷을 방지할 수 있다.

■ 클럽 페이스가 되돌아오기 쉬워진다

어드레스 상태에서는 알기 어려우므로 자연스럽게 선 상태에서 '왼손은 밀고 오른손은 당기는' 역학 관계로 그립을 쥐어 보자. 그러면 클럽 페이스를 잘 돌릴 수 있는 방향으로 힘이 작용한다는 사실을 알 수 있다.

'언제든 움직일 수 있는 자세'가 올바른 어드레스 형태

올바르게 어드레스를 하려면 자세가 매우 중요합니다. 상체를 앞으로 숙인 각도는 클럽에 따라 달라지지만(길수록 작고 짧을수록 커짐), 등을 곧게 펴고 무릎의 긴장을 풀어 가볍게 굽히는 자세는 공통입니다.

골프에만 해당하는 것이 아니라 어떤 스포츠든 중요하게 활용되는 자세입니다. 가령 야구의 내야수도 같은 자세를 잡고 있다가 공이 날아온 순간 움직입니다. 테니스나 탁구의 서브 리시브에서도 같은 자세로 있다가 서브가 날아오면 즉각 반응해 움직입니다. 즉 '자세를 잡는다'는 것은 '언제든지 즉각적으로 움직일 수 있는 자세를 취하는 것'이라 할 수 있습니다. 골프는 정지된 공을 치는 스포츠지만, 몸까지 굳어 있다가 갑자기 움직이면 안됩니다. 스윙의 시동을 부드럽게 걸 수 있어야 하므로 제때 움직일 수 있도록 준비 태세를 갖춰야 합니다.

어드레스 자세를 취할 때는 새우등이 되지 않도록 주의해야 합니다. 공을 들여다보려고 고개를 숙이면 등이 둥글게 휘는데, 그러면 골반부터 앞으로 숙이기 어렵습니다. 또 새우등이 되면 스윙 축을 유지한 몸의 꼬임이나 회전을 할 수 없으며, 공을 들여다보는 듯한 자세에서 몸을 움직이면 머리도 함께 움직여 버립니다.

상체를 앞으로 기울일 때는 엉덩이를 뒤로 빼는 듯한 느낌으로 움직입니다. 골반부터 앞으로 기울이면 엉덩이와 햄스트링이 늘어나면서 그 부위에 텐션이 들어갑니다. 그렇게 하면 발바닥에서 땅으로 뿌리가 내리듯 양발 바깥쪽에 에지를 만들어 설 수 있습니다.

양발은 어깨너비보다 넓게 벌리고 무릎을 굽혀 자세를 잡는다. 이때 양쪽 햄스트링에 텐션을 느끼는 것이 중요하다. 상체는 골반부터 앞으로 숙이고 등은 쭉 편다. 새우등이 되지 않도록 주의한다.

한눈에 보기에도 잘못된 어드레스지만, 이런 사람이 정말 많다. 골반부터 숙이지 않고 등만 구부렸을 뿐이다. 게다가 중심이 뒤로 지나치게 기울어서 안정감도 부족하다.

그럼에도 불구하고 자꾸만 새우등이 되는 분들을 위한 교정 방법을 소개해 보겠습니다.

등 뒤에서 클럽을 세로로 잡고 손은 꼬리뼈 부근에 둡니다. 마치 키를 잴 때처럼 클럽을 머리, 등, 꼬리뼈에 딱 붙인 상태에서 골반부터 앞으로 기울입니다. 이 동작으로 바른 자세를 만들 수 있습니다.

자연스럽게 할 수 있는 쉬운 동작처럼 보이지만, 과연 여러분은 제대로 하고 있을까요? '당연히 저렇게 하고 있지.'라고 생각하기 쉬운데 의외로 잘못된 자세를 취하는 분이 많습니다. 확인 삼아 꼭 해보기 바랍니다. 거울로 자신의 모습을 확인하면서 실시하면 더 좋습니다.

드라이버의 헤드가 엉덩이 부근에 오도록 세워서 등에 댄다. 클럽을 등에 딱 붙인 채 골반부터 앞으로 기울인다. 이것이 어드레스 시의 올바른 기울기 자세다.

NG

골반이 아니라 머리부터 상체를 구부리려고 하면 새우등이 되어 등에 붙어 있던 클럽이 떨어진다.

최대의 힘을 끌어내는 어드레스란 무엇인가?

최대의 힘을 끌어내는 어드레스를 취하는 포인트는 좌우에 일종의 벽을 만들어 두는 것입니다. 양발 바깥쪽에 힘을 걸어 둠으로써 벽을 만들 수 있습니다.

그럼 이 '좌우의 벽'이 무엇인지 간단히 살펴보겠습니다. 오른쪽 벽은 백스윙 시 몸이 오른쪽으로 기울지 않도록 왼쪽으로 저항하는 힘을 말하며, 왼쪽 벽은 다운스윙 시 몸이 왼쪽으로 파고들지 않도록 타깃과 반대 방향으로 작용하는 힘을 말합니다. 물론 실제로 벽이 존재하지는 않지요. 그렇다면 이처럼 저항하는 힘인 가상의 벽은 어떻게 느껴야 할까요? 앞에서 이야기했듯이 '발바닥 바깥쪽'에 힘을 싣는 것이 포인트입니다. 이것을 '에지'라고 부릅니다.

에지를 잘 살려 어드레스함으로써 좌우에 힘이 제대로 들어가면 그 중간에 축이 생깁니다. 좌우가 벽으로 막혀 있다고 상상해 보세요. 이때 양손으로 좌우의 벽을 밀면 힘은 안쪽을 향합니다. 그러면 중심은 움직이지 않는 한편, 중심을 지지하는 힘까지 생기는 거지요.

어드레스에서 양 발바닥의 바깥쪽에 단단히 딛는 힘이 들어가면 양쪽 넓적다리 안쪽 근육이 당깁니다. 넓적다리 안쪽에 텐션을 느끼는 것은 매우 중요하므로 이를 체감할 수 있는 드릴도 함께 알려 드릴게요.

몸을 움직이기 시작하는 기점은 발바닥입니다. 발바닥으로 확실히 붙잡지 않으면 발이 미끄러지게 되어 자세가 불안정해지므로 좋은 스윙을 할 수 없습니다. 발바닥이 지면에 단단히 붙어 있어야 지면의 반발, 반동, 반력이 스윙 에너지로 바뀝니다.

양발에 에지를 거는 드릴

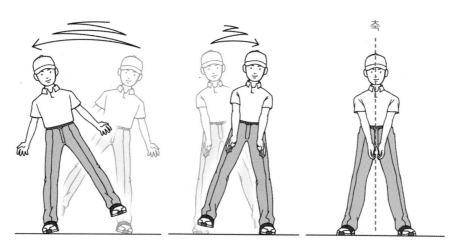

머리 위치를 신체의 중심에 둔 채, 좌우로 왔다 갔다 하며 제자리걸음을 한다. 양발 바깥쪽에 텐션을 느끼면서 왼쪽에서 돌아오고 오른쪽에서 돌아오는 느낌이다. 이 텐션이 에지로 이어진다. 좌우 흔들림을 점점 줄이면서 마지막에 어드레스 상태가 되었을 때 몸 중심에는 하나의 축이 생긴다.

CHECK! **실제 어드레스 시의 루틴**

프로도 자주 실시하는 어드레스 시의 루틴이다. 단순히 자리에서 발만 동동 구르는 것이 아니라 축을 만들거나 양발 바깥쪽에 에지를 살리는 등의 기능을 한다. 이런 동작을 건너뛰고 스윙하면 프로라도 정밀도가 크게 떨어진다.

지금까지 이야기한 내용을 종합하면 발바닥과 넓적다리의 비틀림이 중요하다는 사실을 알 수 있습니다. 넓적다리를 비틀 때는 발바닥으로 지면을 단단히 붙잡아 비틀어야 합니다. 이것이 바로 에지가 만들어진 상태입니다.

연습법 **양다리 안쪽의 텐션을 느끼는 방법**

다리(양쪽 넓적다리) 사이에 배구공을 끼우고 그 상태로 스윙해 공을 친다. 공을 떨어뜨리지 않도록 스윙하면 자연스럽게 넓적다리 부근에 힘을 주는 감각을 느낄 수 있다. 넓적다리 안쪽뿐 아니라 체간에도 쉽게 힘이 실린다.

3

클럽별 최적의 임팩트를
만드는 핵심을 마스터한다

최대 효율 임팩트의 포인트는
클럽마다 다릅니다

이번 파트에서는 드라이버, 아이언, 웨지 등 각 클럽에 따라 최대 효율 임팩트를 만드는 데 필요한 요소를 알려 드립니다.

그런데 왜 클럽별로 나눠서 알아볼까요? 스윙의 근본적인 메커니즘은 같을지라도 클럽의 종류마다 길이, 페이스, 로프트가 다르므로 치는 방법도 미세하게 달라져야 하기 때문입니다.

일단 로프트각이 커서 위를 향하고 있는 클럽일수록 로프트를 세워 공을 미는 듯한 임팩트가 이상적입니다. 로프트를 적당히 세움에 따라 '스핀 + 앞으로 날리는 힘'이 작용해 최대 효율 임팩트로 연결됩니다.

자세나 공의 셋업 위치도 클럽에 따라 달라집니다. 기본적으로 짧은 클럽은 몸 중앙보다 오른쪽에 공을 두며, 긴 클럽일수록 왼쪽에 둡니다.

최대 효율로 공을 멀리 날리려면 타출 각도가 매우 중요하며, 이와 연관되는 페이스 앵글과 로프트, 임팩트 타이밍의 조건도 당연히 클럽에 따라 달라집니다.

최대 효율 임팩트의 기본 개념은 같아도 그것을 만들어내기 위한 세세한 움직임은 클럽마다 다르다는 것이죠. 그러므로 클럽별로 나누어 각각의 특성을 익힐 필요가 있겠습니다.

1

드라이버는
'이륙'으로 임팩트!

드라이버는 플랫 스윙이 베스트

드라이버를 사용해 최대 효율로 공을 날릴 수 있는 스윙은 플랫한 스윙입니다. 저는 드라이버로 가장 큰 힘을 전달할 수 있는 것이 '플랫 스윙'이라고 생각합니다.

플랫 스윙이 어떤 것인지 상상하기 쉽게 알려 드리자면, 클럽 헤드를 정면으로 뻗은 상태에서 뒤로 당겼다가 되돌아오는(가로 방향으로 휘두르는) 단순한 움직임을 떠올리면 됩니다. 나가는(백스윙) 궤도와 돌아오는(다운스윙) 궤도가 거의 같은, 하나의 스윙 플레인(Swing plane) 안에서 휘두르는 것은 어렵지 않습니다.

여기에 앞으로 기울인 자세를 더하면 드라이버의 스윙(=플랫 스윙)이 됩니다. 똑바로 서서 가로로 휘둘렀을 때와 마찬가지로, 처음 어드레스 자세에서의 샤프트 각도와 전환 부근에서의 샤프트 각도가 거의 같습니다. 그리고 나갈 때와 돌아올 때 모두 같은 궤도로 휘두릅니다. 이렇게 플랫 스윙을 할 수 있으면 클럽이 몸을 중심으로 빠르게 돌아 공을 깔끔하게 타격할 수 있습니다.

플랫 스윙이 무엇인지 이해하기 위해 똑바로 선 상태에서 클럽을 휘둘러 보자. 평소처럼 그립하고 클럽은 앞으로 쭉 뻗는다. 그 자세에서 마치 몸통 주위를 가로지르듯 휘두르고 되돌아오는 동작을 반복한다(백스윙과 다운스윙이 거의 같은 라인을 통과하도록). 이 동작을 상체를 앞으로 기울여 척추각을 유지한 채 실시하면 아래 사진처럼 자연스럽게 드라이버에서의 스윙(= 플랫 스윙)이 된다.

■ 어드레스 자세(척추각 유지)에서 플랫 스윙

옆에서 공을 타격하는 것을 익히는 드릴

플랫 스윙의 궤도를 몸에 익히기 위해 스윙 플레인을 의식하면서 휘두르는 연습을 해봅시다. 처음부터 풀 샷으로 연습하면 궤도가 불안정할 수 있으므로 특히 초급자는 허리에서 허리에 이르는 작은 진폭으로 연습하기 바랍니다.

실제로 쳐 보면 문제점이 보입니다. 슬라이스가 나오는 사람은 허리에서 허리까지 휘두르려고 해도 마지막에 클럽이 세워져서 올라가는 경향이 있습니다. 플랫 스윙은 몸에서 가깝게 원을 그리는 듯한 궤도로 가야 하므로 샤프트가 가파르게 세워지지 않도록 주의해야 합니다.

페이스가 지면을 향해 덮인 상태로 들어오지 않도록 하는 것도 신경 써야 합니다. 이를 방지하기 위해서는 페이스면이 위를 향하도록 페이스 앵글을 높게 하려는 손의 감각을 의식하는 것이 중요합니다. 플랫 스윙에 익숙해지면 자연스럽게 페이스가 릴리스됩니다.

클럽 헤드를 허리 높이까지 올렸다가, 임팩트를 향해 몸을 되돌리듯이 스윙해 공을 옆에서 타격하는 감각을 맛본다. 이 정도의 콤팩트한 스윙으로도 몸이 리드하는 스윙과 클럽이 몸에 가깝게 도는 감각을 느낄 수 있다.

NG

스윙 마지막에 클럽이 세워져 올라가는 사람은 손으로 클럽을 당기고 있을 가능성이 크다. 슬라이스가 나오기 쉬우므로 교정해야 한다.

동영상으로 체크!
QR코드를 스캔하면 저자의 연습 동영상을 볼 수 있습니다.

또한 백스윙 시 옆으로 휘두르려는 마음에 오른쪽 팔꿈치를 너무 빨리 당기지 않도록 하는 것도 주의해야 합니다. 팔꿈치를 당기듯이 백스윙하면 몸의 꼬임이 발생하지 않습니다. 팔꿈치를 접는 백스윙은 플랫 스윙이 제대로 이루어지지 않는 원인 중 하나이기도 합니다.

NG ■ 오른쪽 팔꿈치를 빨리 당겨 백스윙

오른쪽 팔꿈치를 빨리 당기면, 플랫 스윙을 하는 듯 보이지만 실제로는 몸의 꼬임이 전혀 생기지 않는다.

NG ■ 팔꿈치를 접어서 백스윙

손으로만 휘두르는 사람에게 나타나는 실수. 팔꿈치를 접어 클럽을 짊어지는 백스윙 역시 몸의 꼬임이 발생하지 않아 팔로만 스윙하기 쉽다.

이를 방지하려면 손을 가급적 낮게 멀리 뻗는다는 마음가짐으로 테이크 어웨이를 해보시기 바랍니다. 손을 멀리 올리면 몸이 쉽게 꼬입니다. 멀리 올라간 클럽을 다운스윙 시 몸 쪽으로 당겨 되돌리면 몸의 꼬임과 원심력이 커져, 최대 효율의 스윙이 나옵니다.

허리에서 허리까지 휘두르는 스윙은 대중적인 연습법이라 이미 실시하고 있는 분이 많을 것입니다. 흔한 연습법이라고 건너뛰거나 건성으로 치지 말고 매번 스윙 궤도를 확실히 확인하며 집중하시기 바랍니다. 그것이 작은 스윙을 하는 최대 목적입니다. 클럽이 가파르게 내려오면 슬라이스 구질이 나오기 쉽고 비거리가 떨어집니다. 드라이버를 효율적으로 휘둘러 최대 비거리를 내는 방법은 '플랫 스윙'입니다. 몸의 움직임까지 포함해 확실히 마스터해 둡시다.

CHECK! **올바른 백스윙**

양팔을 곧게 펴고 낮게 멀리 밀어내듯 테이크 어웨이하면 자연스럽게 몸이 꼬인다.

드라이버의 임팩트는 이륙 지점에서 히트!

이번에는 드라이버의 임팩트 형태를 알아보겠습니다.

공은 왼발 가까이에 세팅되어 있습니다. 최대 효율 임팩트는 인사이드 아웃 궤도가 전제 조건이므로 클럽이 완만하게 공에 접근해야 합니다. 낮게 들어와 최저점이 몸의 중심과 거의 일치한 다음 올라가는 순간, 비행기에 빗대자면 '이륙하는 지점'에서 임팩트를 맞이합니다.

이처럼 이륙 직후 공을 맞힌다는 말은 페이스 앵글이 위를 향하며 약간 높아진 상태에서 임팩트한다는 뜻입니다. 이것이 드라이버로 공을 가장 멀리 날리기 위한 히트 포인트입니다.

페이스면이 바닥을 향한 상태로 임팩트하면 최대 효율을 낼 수 없습니다. 드라이버 샷에서 공이 가장 멀리 날아가는 조건은 '고탄도·저스핀(높이 올라가고 스핀양은 적음)'입니다. 최저점에서 올라갈 때 페이스가 위를 향한 상태에서 공을 맞히려면 이륙 직후에 임팩트를 맞이해야 합니다. 게다가 이륙 직후는 입사 각도가 완만하므로 스핀양을 제어할 수 있습니다.

CHECK! 드라이버는 이륙 지점에서 임팩트

낮은 지점에서 들어와…….

최저점을 지나쳐 올라가기 시작할 때(이륙할 때) 임팩트를 맞이한다. 약간 위를 향해 때리는 것이 드라이버의 이상적인 임팩트 각도이며 긴 캐리가 나오기 쉽다.

■ 페이스가 덮여서 맞음

페이스가 덮여서 맞으면 낮게 날아가는 강한 타구가 나올지는 모르지만, 최대 효율로 날아가는 임팩트는 될 수 없다.

드라이버는 약간 오른쪽으로 기운 어드레스가 이상적이다

드라이버의 최대 효율을 내는 스윙은 플랫이며, 임팩트는 이륙 타이밍에 맞이해야 좋습니다.

그런데 자세를 잡을 때 몸의 방향이나 축에 문제가 생겨 최대 효율 임팩트를 저해하는 셋업을 하는 사례를 흔히 볼 수 있습니다. 드라이버 샷에서 공의 위치는 왼발 안쪽 선상이 기본입니다. 그리고 클럽이 이륙하는 타이밍에 공을 맞히려면 몸의 축이 약간 오른쪽으로 기울어야(오른쪽 어깨가 내려가야) 합니다. 이 자세가 나와야 클럽이 공에 접근할 때 자연스럽게 어퍼 블로 형태가 됩니다.

흔히 볼 수 있는 잘못된 자세는 오른쪽으로 기울어야 하는 시점에서 왼쪽으로 기울어 버리는 것입니다. 공이 왼쪽에 있기 때문에 머리가 공을 향하고 몸도 왼쪽으로 기우는 사례가 많습니다. 몸이 왼쪽으로 기울면 입사각이 위에서 가파르게 들어가기 때문에 이륙하는 임팩트가 불가능하지요.

또 하나 자주 하는 실수는, 자세를 잡았을 때 양쪽 어깨의 방향이 목표선보다 왼쪽을 향하는 것입니다. 즉 어깨가 왼쪽으로 열리면 백스윙 시 오른쪽을 향하기 어렵고 심한 아웃사이드 인 궤도가 되어 공을 제대로 맞히지 못한다는 점을 주의해야 합니다.

왼쪽 어깨가 올라가고
오른쪽으로 살짝 기운
자세가 이상적이다.

NG ■ 왼쪽으로 파고든 자세

공이 왼쪽 다리 근처에 있으면, 그곳에 맞추
듯이 머리가 왼쪽으로 파고들어 왼쪽으로
기운 자세가 나오기 쉽다(위쪽 사진). 또한
오른쪽으로 기울어 있지만, 양쪽 어깨 라인
이 왼쪽을 향하는 잘못된 어드레스도 흔히
볼 수 있다(오른쪽 사진).

■ 왼쪽을 향한 자세

이상적인 드라이버 어드레스 방법

어드레스 시의 문제를 해결하고 약간 오른쪽으로 기울어진 이상적인 어드레스를 하는 방법을 소개합니다. 오른쪽으로 기운 어드레스를 만들려면 그립하는 순서가 중요합니다.

① 그립이 왼쪽 고관절을 향하게 해서 오른손으로 클럽을 듭니다.

② 왼손을 수직으로 툭 늘어뜨린 상태에서 그립을 옮겨 잡습니다.

③ 그 상태에서 오른손으로 그립을 잡으려고 하면 무의식적으로 오른쪽 어깨가 나와 버리므로 겨드랑이를 조이면서 약간 아래에서 그립을 잡아갑니다.

이렇게 자세를 잡으면 이륙하면서 공을 맞힐 수 있고 페이스도 자연스럽게 돌아옵니다. 최대 효율 임팩트를 만드는 드라이버 어드레스가 자연스럽게 이루어지는 것이죠.

오른손으로 그립을 잡고 페이스를 타깃(공)에 맞춘다. 그다음 왼손 그립을 정하고 나면 오른손은
아래쪽에서 그립에 걸듯이 잡는다.

왼손으로 그립을 쥔 뒤, 오른손
으로 위에서 덮듯이 그립을 쥐
면 왼쪽으로 파고든 자세가 되
거나 어깨 라인이 왼쪽을 향하
게 되므로 주의!

드라이버로 하는 '최대 효율 스윙'의 기초를 다지자

최대 효율 스윙의 이미지를 만드는 드릴

지금부터 소개하는 드릴은 드라이버로 실시하는 최대 효율 스윙의 기초(이미지)를 다지는 연습법입니다.

첫 번째는 허리 높이까지 테이크 어웨이한 다음(스타트 포지션), 몸을 비틀었다가 되돌아오는 동작을 반복해 원심력을 느끼면서 궤도를 확인해 치는 드릴입니다.

스타트 포지션은 어깨를 오른쪽으로 약 30도 비튼 자세로, 하체에 힘이 축적된 상태라 할 수 있습니다. 하체에 쌓인 힘으로 몸을 왼쪽으로 회전시키면(되돌리면) 원심력에 의해 클럽이 휘둘러집니다. 다운스윙할 때 손으로 클럽을 당기는 것이 아니라 몸에 쌓인 힘으로 단번에 휘둘러야 합니다. 평소 손이나 팔이 주도하는 스윙을 하던 분은 처음에는 공을 잘 맞히지 못할 수 있습니다. 다시 강조하지만, 임팩트를 향해 클럽을 휘두르는 포인트는 '하체'입니다. 이 드릴을 반복해 스윙 포인트를 하체로 바꿔 주도록 합시다.

스타트 포지션은 오른발 앞으로 테이크 어웨이해서 샤프트와 지면이 거의 평행해진 상태. 이때 양 손은 골반보다 낮은 위치를 유지한다. 헤드 위치가 매우 중요한데, 오른쪽 다리 옆에 헤드가 있는 지 처음에 반드시 눈으로 확인한다. 또한 중심을 낮추고 다리에 힘이 들어가 있는지도 확인해야 한다. 이 자세로 몸을 비틀었다가 되돌리는 동작(임팩트 직전까지)을 반복하며 궤도를 확인해 보자.

자세나 궤도를 여러 차례 확인한 뒤 하프 스윙으로 샷한다. 임팩트 후 클럽 헤드는 비스듬히 아래를 향하도록(위로 올라가지 않도록) 신경 쓴다.

동영상으로 체크!
QR코드를 스캔하면 저자의 연습 동영상을 볼 수 있습니다.

드로우 샷을 치기 위한 기초를 다진다

드라이버로 공을 타격하는 드릴입니다. TYPE 1, TYPE 2, TYPE 3으로 나뉘며 각 드릴마다 저마다의 연습 목적이 있습니다.

TYPE 1

　TYPE 1의 목적은 몸의 회전(꼬임)과 암 로테이션을 익히는 것입니다. 스플릿 핸드 그립으로 클럽을 쥐고 일단 몸을 꼰 상태에서 시작합니다. 어깨는 90도에 가깝게 비틀고, 허리는 30~45도 정도로 비틀어 상·하체 꼬임의 차이를 만듭니다. 이때 샤프트의 기울기는 30~45도 정도입니다. 왼손은 아래로 밀고 오른손은 아래에서 당기는 형태가 되어, 지렛대의 원리로 클럽 헤드가 올라갑니다. 이 자세에서 1단계 → 2단계 → 3단계의 순서로 진행합니다.

연습법 **드로우 샷을 치는 기초를 다지는 드릴**

이 드릴의 TYPE 1, TYPE 2는 오른손과 왼손이 맞닿지 않는 스플릿 핸드로 실시한다. 왼손은 평소와 같은 부위를 잡지만, 오른손은 샤프트가 시작하는 부분에 검지를 걸친다.

동영상으로 체크!
QR코드를 스캔하면 저자의 연습 동영상을 볼 수 있습니다.

첫 번째 사진처럼 자세를 잡고 몸의 꼬임을 유지한 상태에서 양쪽 어깨 라인이 목표 방향과 평행해질 때까지 몸을 회전한다. 상·하체 꼬임의 차이를 유지하면, 어깨 라인이 평행이 되었을 때 배는 왼쪽 아래를 향한 상태가 된다.

하체가 움직이지 않고 어깨와 허리의 꼬임 없이 똑바로 서면 팔로만 스윙하게 된다.

후방

정면

1단계의 움직임을 수행하면서 왼손(그립 끝)을 하복부로 끌어당기면 지렛대의 원리로 클럽 헤드가 밀려 나온다.

지렛대의 원리로 클럽이 밀려 나올 때(오른손이 풀릴 때) 손이 몸에서 멀어지면 헤드가 올바른 임팩트 존으로 향하지 않는다.

■ 3-1단계

1단계와 2단계를 수행한 뒤, 오른손을 풀며 공을 맞힌다. 2단계에서 왼손을 배로 끌어당기면 오른손이 왼손을 추월할 준비가 되고, 암 로테이션이 이루어져 공을 타격할 수 있다. 스플릿 핸드는 페이스가 돌아오기 쉬운 그립법이며, 처음에는 타구가 왼쪽으로 날아가도 괜찮다.

■ 3-2단계

익숙해진 다음 타구가 똑바로 날아가도록 조정하려면 오른손을 늦게 푸는 것이 포인트다. 오른손이 늦어지면 늦어질수록 공이 오른쪽으로 날아가기 쉽다.

TYPE 2

TYPE 2는 스플릿 핸드로 드로우 샷을 치는 드릴입니다.

스플릿 핸드로 평소 자세에서 시작합니다. TYPE 1과 같은 예비 동작은 하지 않고, 왼손은 몸 가까이 끌어당기고 오른손은 풀어 앞으로 되돌리는 움직임으로 암 로테이션을 해 공을 칩니다.

처음에는 공을 확실히 타격하는 데 집중하며 드릴을 실시합니다. 그러면 공이 약간 왼쪽으로 날아가겠지만, 그래도 괜찮습니다. 먼저 암 로테이션으로 공을 타격하는 감각을 익히도록 합시다.

다음 단계로 암 로테이션이 일어나는 시점이 약간 늦어지도록 몸을 움직여 칩니다. 오른손이 왼손을 추월하는 지점이 중간보다 왼쪽에 가까워지므로 공은 똑바로 혹은 약간 오른쪽으로 날아갑니다.

최종적으로는 클럽이 돌아온다고 하는 감각이 사라지는 것이 이상적입니다. 억지로 되돌아오는 것이 아니라 몸의 움직임에 끌려 자연스럽게 돌아오는 느낌입니다. 이 상태로 50~100야드 날아가는 드로우 샷을 칠 수 있으면 TYPE 2는 완성입니다.

■ **1단계**

처음에는 공을 제대로 타격하는 데 집중하느라 약간 당겨치게 되므로 공이 왼쪽으로 날아가지만, 괜찮다. 일단 암 로테이션으로 공을 타격하는 감각을 기르자.

■ **2단계**

다음 단계로 암 로테이션(오른손이 풀림)이 약간 늦어지도록 조작한다. 구체적으로 설명하면 오른손이 왼손을 추월하는 지점을 몸 왼쪽에 둔다. 이 상태로 임팩트한 공은 약간 오른쪽으로 출발해 왼쪽으로 휘는 이상적인 드로우 샷이 된다.

체크 포인트

후방에서 자세를 확인할 때는 클럽 헤드가 허리 바로 옆, 손보다 뒤에 있는지 체크한다. 클럽 헤드가 손보다 뒤에 있으면 인사이드 아웃 궤도로 들어와 공이 오른쪽으로 날아간다. 거꾸로 클럽 헤드가 손보다 앞에 있으면 아웃사이드 인 궤도가 되어 공이 신체 라인보다 왼쪽으로 나가기 쉬우므로 주의하자.

TYPE 3

TYPE 3에서는 스플릿 핸드에서 일반적인 그립으로 돌아와 손과 클럽이 지나가는 길을 확인하며 최대 효율 임팩트를 실현하는 궤도로 공을 쳐 나갑니다.

톱에서는 TYPE 1, TYPE 2보다 더 높은 위치까지 손이 올라갑니다. 그리고 그립 끝이 오른쪽 고관절 부근을 향하도록 내리는데, 그 과정에서 오른손에 여유가 생기므로 마지막에는 오른손을 풀어 줍니다. 이때 손이 몸에서 떨어지면 클럽이 눕혀져서 슬라이스 타구가 나옵니다. 거꾸로 클럽이 몸 가까이 붙어 오른손에 여유가 생길수록 암 로테이션으로 오른손을 풀었을 때 공을 확실하게 타격할 수 있습니다.

주의할 점은 손이 앞으로 나가지 않도록 하는 것입니다. 순서상 몸의 회전이 먼저 이루어지므로 몸의 꼬임에 의해 클럽이 아래로 당겨집니다. 올린 손을 팔 힘으로만 내리려고 하면 클럽이 눕혀져 버립니다. TYPE 1에서 설명했듯이 왼손은 밀고 오른손을 당기면 클럽이 세워져서 들어오게 되고, 여기에 손을 아래로 내리는 동작이 더해져 옆으로 들어오는 듯한 3차원적인 움직임이 만들어지고 공을 잘 타격할 수 있는 스윙을 할 수 있습니다.

평소 그립으로 돌아와 콤팩트한 스윙으로 드로우 샷을 친다. 클럽은 의식적으로 내리려 하지 않는다. 오른쪽 고관절 부근으로 자연스럽게 내려온 클럽을 몸의 회전으로 당겨 왼쪽 고관절 부근까지 오도록 해 임팩트한다.

드로우 샷과 페이드 샷의 임팩트를 이해하자

앞에서 말했듯이 저는 '최대 효율 임팩트(스윙) = 드로우 샷'이라고 생각합니다. 높고 강한 탄도로 날아가 긴 비거리를 내는 것이 가장 큰 장점이지요. 이 드로우 샷을 치는 포인트를 소개하기 전에, 공의 비행 방향에 대해 알아 두어야 할 부분이 있습니다.

공이 날아가는 방향은 임팩트한 순간의 클럽 페이스 방향과 스윙 궤도(클럽 패스)의 조합으로 결정됩니다. 예전에는 공이 처음 날아가는 방향은 스윙 궤도로 결정되고, 공이 휘어지는 방향은 페이스 방향(페이스 앵글)으로 결정된다고 알려져 있었습니다. 이것이 과거의 '공 비행의 법칙'이지요.

그런데 여기서 클럽 페이스 방향이 공이 휘는 방향을 결정한다는 말을 극단적으로 해석하면 임팩트에서 페이스 방향이 스퀘어면, 오른쪽이나 왼쪽으로 쳐도 공이 곧게 날아간다는 말이 됩니다.

하지만 실제로 트랙맨(레이더 탄도 측정기)을 사용해 스윙 궤도와 페이스 방향을 조사한 결과 정반대의 사실이 밝혀졌습니다. 즉 페이스 방향은 공이 출발하는 방향을 결정하고 스윙 궤도가 공이 휘는 방향을 결정한다는 것이지요. 이것이 새로운 공 비행의 법칙입니다.

페이스 방향이 스퀘어면 당연히 공은 곧게 날아갑니다. 인사이드 아웃으로 휘둘렀을 때는 휘두른 방향으로 페이스가 닫혀 있으므로 공은 왼쪽으로 휩니다. 과거의 공 비행의 법칙을 토대로 생각하면 '공이 왼쪽으로 휘니까 좀 더 오른쪽으로 휘두르면 되지 않을까'라고 생각하겠지만, 실제로는 페이스가 더욱 닫히기 때문에 공은 더욱 왼쪽으로 휘어 버립니다. 과거 공 비행의 법칙과 새로운 공 비행의 법칙의 차이를 이해하지 못하면 공의 방향을 바로잡을 수 없으니 주의해야 합니다.

　새로운 공 비행의 법칙을 토대로 이상적인 드로우 샷을 간단히 정의하면, 인사이드 아웃 스윙 궤도의 어퍼 블로로 접근하며, 타깃을 기준으로 페이스가 약간 열린 상태로 맞는 샷을 말합니다. 이 세 가지 요소를 갖추면 마치 프로처럼 깔끔한 드로우 샷을 칠 수 있습니다.

최대 비거리를 낳는 것은 드로우 샷

긴 비거리를 만드는 데는 살짝 오른쪽으로 날아가 왼쪽으로 휘는 드로우 샷이 유리합니다. 바람에도 강하고 페어웨이에 떨어진 후 런도 기대할 수 있으므로 그만큼 비거리가 늘어납니다. 그래서 최대 효율 임팩트는 다름 아닌 드로우 구질을 만드는 임팩트라고 말하는 것이지요.

그럼 살짝 오른쪽으로 나가 왼쪽으로 돌아오는 드로우 샷은 어떻게 쳐야 할까요? 일단 오른쪽으로 공을 보내려면 페이스 방향이 타깃보다 약간 열린 상태여야 합니다. 페이스 방향보다 스윙 궤도가 인사이드 아웃이 되면 공의 회전축이 좌측으로 기울게 되어 오른쪽으로 나간 공이 왼쪽으로 돌아옵니다.

구체적인 수치로 말하면 페이스 앵글은 타깃보다 2~3도 정도 열리고 이 페이스 앵글보다 1도 정도 인사이드 아웃으로 들어오는 스윙 궤도, 즉 타깃보다 3~4도 인사이드 아웃이 되면 휘는 폭이 작고 아름다운 드로우 샷을 날릴 수 있습니다.

CHECK! **드로우 샷을 칠 때 클럽 헤드의 위치**

다운스윙하는 모습을 뒤에서 봤을 때 손보다 뒤에서 헤드가 들어오면 인사이드 아웃 궤도로 임팩트를 맞이해 공이 오른쪽으로 나간다.

CHECK! **드로우 샷을 칠 때 헤드의 궤도**

공에 닿는 순간은 페이스가 열려 있지만, 페이스면과 궤도가 어긋난 상태로 공을 때리기 때문에 공 자체의 회전축이 좌측으로 기운다. 그러면 오른쪽으로 날아가기 시작해 왼쪽으로 부드럽게 휘는 드로우 구질이 나온다.

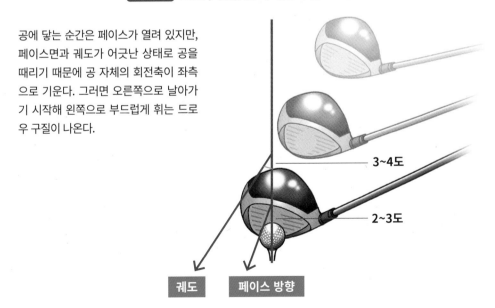

3~4도

2~3도

궤도

페이스 방향

방향성을 원한다면 페이드 샷

최대 효율 임팩트는 곧 드로우 샷이라고 이야기했지만, 페이드 샷에도 이점이 있습니다. 페이드 샷은 페이스가 열리고 닫히는 움직임이 적기 때문에 공의 방향을 조절하기 쉽습니다. 어프로치하는 느낌으로 칠 수 있어서 그린 위에 멈추고 싶거나 위에서 박아 넣는 샷을 쳐야 할 때는 페이드 샷이 유용합니다.

페이드 샷의 경우 페이스 방향은 타깃보다 약간 닫혀 있어야 하고, 페이스 방향보다 스윙 궤도가 아웃사이드 인으로 들어오면 공의 회전축이 우측으로 기울기 때문에 약간 왼쪽으로 날아간 공이 오른쪽으로 돌아옵니다.

구체적인 수치로 말하면 페이스 앵글은 타깃보다 2~3도 정도 닫힙니다. 이 페이스 앵글보다 1도 정도 아웃사이드 인, 즉 타깃보다 3~4도 아웃사이드 인의 궤도로 스윙하면 휘는 폭이 작고 아름다운 페이드 샷을 만들 수 있습니다.

손보다 먼저 헤드가 들어간 아웃사이드 인 궤도에서 공은 몸의 라인보다 왼쪽으로 나가기 쉽다. 헤드의 궤도를 영상으로 체크할 때는 헤드의 위치가 손보다 앞에 있는지 뒤에 있는지, 바로 뒤에서 확인한다.

CHECK! 페이드 샷을 칠 때 헤드의 궤도

아웃사이드 인 궤도로 스윙하고 페이스가 닫힌 상태로 맞으면, 왼쪽으로 날아가기 시작해 오른쪽으로 돌아오는 페이드 샷이 된다. 페이스가 스퀘어거나 열린 상태로 임팩트하면 오른쪽으로 크게 휘는 슬라이스 구질이 나오므로 주의한다.

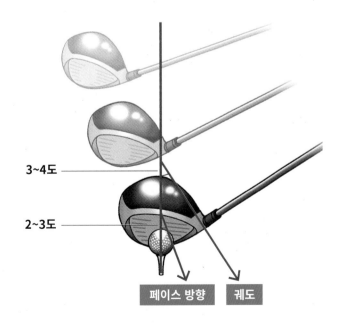

3~4도

2~3도

페이스 방향   궤도

여기서 페이드 샷을 잘 칠 수 있는 포인트를 소개해 드릴게요. 어렵게 타법을 바꾸는 것이 아닌, 자세만 바꾸는 간단한 방법입니다. 타깃을 기준으로 아웃사이드 인이 되도록 스탠스를 바꾸는 것이지요. 단 이때 공과 몸이 이루는 위치 관계가 바뀌지 않도록 주의해야 합니다.

그럼 공에 대해 몸이 열린 상태의 오픈 스탠스를 취하려면 어떻게 해야 할까요? 공을 중심으로 시계 문자판의 숫자 위치에 서 있다고 생각해 봅시다. 공과 양발 끝을 선으로 연결하면 삼각형이 됩니다. 여기서 발을 움직일 때 이 삼각형의 모양이 흐트러지면 안 됩니다. 예를 들어 몸을 열기 위해 그 자리에서 발만 왼쪽으로 틀어 버리면 공과 이루는 삼각형이 무너지지요. 이때는 몸 전체를 약간 오른쪽으로 이동하면 삼각형을 무너뜨리지 않고 오픈 스탠스로 설 수 있습니다.

이 자세에서는 평소처럼 스윙해도 클럽 헤드가 아웃사이드 인 궤도로 타깃을 향합니다. 여기에 클럽 페이스를 평소보다 약간 오픈하면 스윙 궤도보다 페이스가 열려 맞으므로 자연스럽게 슬라이스, 페이드 구질이 나오게 됩니다.

일반적인 어드레스 자세에서 양발 끝과 공을 연결하면 삼각형을 이룬다. 이 삼각형이 공과 몸의 관계를 나타내는 기준이다. 여기서 공을 중심으로 몸 전체를 오른쪽으로 움직이면, 공과 몸의 관계(삼각형)를 무너뜨리지 않고 오픈 스탠스를 만들 수 있다.

처음 자세를 잡은 위치에서 몸만 열면 공과 몸의 관계(삼각형)가 무너진다. 그러면 공이 오른발 가까이 세팅되어 오른쪽으로 시작해 더 오른쪽으로 휘는 공이 나올 수 있다.

2 아이언은 헤드를 낮게 밀어내는 임팩트

아이언의 좋은 임팩트와 나쁜 임팩트

임팩트 포인트는 클럽마다 다릅니다. 로프트각(페이스 기울기)이 작을수록 공이 멀리 날아가고, 반대로 로프트각이 클수록 공의 궤도가 높아집니다. 이론적으로 봤을 때 위를 향하고 있는 클럽, 로프트각이 클수록 로프트를 세운 상태로 맞히므로 공을 미는 듯한 임팩트가 됩니다.

쇼트 아이언

로프트각이 큰 클럽은 5번 아이언부터 샌드웨지까지입니다. 임팩트 시에는 어드레스에서의 로프트각보다 세워서 맞히는 느낌으로 칩니다.

아이언으로 페이스를 세워 칠 수 있으면 공을 멀리 날릴 수 있습니다. 페이스가 위를 향한 상태로 임팩트하면 페이스가 공 아래로 들어가기 쉬워 마치 비비는 듯한 임팩트가 되어 버리고, 그로 인해 앞으로 날아가는 에너지가 감소합니다. 로프트를 적당히 세우는 것이 '스핀 + 앞으로 날아가는 힘'을 더해 최대 효율 임팩트를 만듭니다.

최대 효율로 치는 쇼트 아이언의 임팩트

어드레스 시에는 그립 끝과 손이 왼쪽 고관절 부근에 오게 하고 손이 클럽 헤드보다 앞에 있는 상태, 즉 핸드 퍼스트 자세를 잡는다. 임팩트 시에도 핸드 퍼스트로 때리면 낮게 밀어낼 수 있다.

페이스가 너무 위를 향하면 손이 헤드보다 뒤에 있는 핸드 레이트 상태로 임팩트하게 되므로 비거리를 잃을 뿐만 아니라, 뒤땅 등의 미스 샷이 나오기 쉽다.

롱 아이언 및 우드

5번 아이언보다 긴, 로프트가 서 있는 클럽은 로프트각 그대로 치거나 평소보다
페이스가 약간 위를 향한 상태로 치면 이상적인 임팩트 각도가 나옵니다.

　공을 최대 효율로 멀리 날리려면 임팩트 각도가 매우 중요합니다. 구체적인
수치로 말하면, 임팩트 각도가 16~18도일 때 캐리가 나오기 가장 좋습니다. 때
때로 드라이버보다 3번 우드 쪽이 더 멀리 날아간다는 사람이 있는데, 페어웨이
우드의 로프트각이 더 커서 자연스럽게 이상적인 임팩트 각도로 접근했기 때문
입니다.

CHECK! 최대 효율로 치는 롱 아이언의 임팩트

롱 아이언이나 우드는 로프트를 세워 치지 말고 로프트각 그대로 치거나 약간 어퍼 느낌으로 쳐야 이상적인 임팩트 각도가 나온다.

■ 우드로 칠 때

아이언으로 최대 효율 임팩트를 만드는 절대 조건

아이언으로 최대 효율 임팩트를 만드는 핵심 요건은 '핸드 퍼스트를 할 수 있는 가'입니다. '이미 그렇게 치고 있다.'라고 생각하시는 분도 다시 확인해 보기 바랍니다.

일단 핸드 퍼스트가 무엇인지 살펴볼게요. 간단히 말하면 임팩트 순간 양손이 클럽 헤드보다 앞(타깃 방향)에 있는 상태를 뜻합니다. 반대로 양손이 클럽 헤드보다 뒤에 있는 상태는 '핸드 레이트'라고 합니다.

핸드 퍼스트는 최대 효율 임팩트에서 매우 중요한 요소입니다. 클럽이 짧으면 짧을수록 더욱 중요합니다. 핸드 퍼스트로 공을 맞힌다는 것은 페이스면을 세운 상태로 임팩트한다는 뜻입니다. 그럼으로써 가장 큰 에너지를 공에 전달해 강하게 밀어낼 수 있습니다.

짧은 클럽은 클럽 페이스가 애초에 위를 향하고 있으므로 핸드 퍼스트가 되지 않으면 페이스가 더욱 위를 향한 상태로 공을 맞히게 됩니다. 그러면 공을 강하게 밀어내지도 못할 뿐 아니라, 페이스면이 공 아래로 들어가 높은 탄도로 떠서 비거리를 잃습니다.

또한 핸드 퍼스트는 임팩트 시 강하게 밀어내면서 칠 수 있으므로 콤팩트한 스윙을 할 수 있다는 이점도 있습니다. 핸드 퍼스트 상태가 아니면 공을 강하게 밀어내며 칠 수 없으므로 스윙이 커질 수밖에 없습니다. 그러다 보면 공 바로 앞에서 뒤땅을 치거나 뒤땅을 피하려고 클럽을 들어 버려 토핑을 하는 등 실수가 나오기 쉽지요. 또한 클럽 헤드의 날에 맞으면 공이 너무 멀리 튕겨 그린 부근에서 왔다 갔다 하게 되므로 어프로치에서 스코어를 잃습니다.

손이 클럽 헤드보다 앞에 있을 때 임팩트한다. 핸드 퍼스트 임팩트는 가장 높은 효율로 공에 에너지를 전달하는 한편, 뒤땅 등의 미스 샷을 방지할 수도 있다.

■ 핸드 퍼스트로 칠 때의 스윙

지금까지 설명한 최대 효율 임팩트의 메커니즘과 근본적으로 같다. 다만 클럽이 짧을수록 위에서 가파르게 내려오는 스윙이 되어 핸드 퍼스트를 더 잘 할 수 있게 된다.

핸드 퍼스트는 작은 스윙으로도 공을 강하게 밀어 칠 수 있고 실수가 잘 나오지 않는다는 장점도 있습니다. 뒤에서도 이야기하겠지만 어프로치할 때는 클럽이 위에서 가파르게 들어오기 때문에 뒤땅이 잘 나오지 않습니다. 역으로 토핑이 나온다 해도 위에서 아래로 들어가는 도중 에지에 맞아 스핀이 걸림으로써 올려 칠 때만큼 거리가 멀리 나가지 않는 등 실수를 줄일 수 있습니다.

NG ■ 핸드 레이트 상태

핸드 퍼스트와 반대로 손이 클럽보다 뒤에 있는 상태다. 로프트각이 커서 페이스가 공 아래로 들어가는 임팩트가 되어 비거리를 크게 잃는다.

NG 발생하기 쉬운 실수 ①

핸드 레이트는 손목이 빨리 풀리므로 공 바로 앞에 뒤땅을 치는 실수로 이어진다.

NG 발생하기 쉬운 실수 ②

그게 싫어서 클럽을 들어 올리면 공의 머리를 치는 토핑이 나오므로 양쪽 모두 비거리를 크게 잃는다.

핸드 퍼스트로 치는 방법

그럼 핸드 퍼스트로 치지 못하는 원인은 무엇일까요? 핸드 퍼스트가 되지 않는 사람은 대개 하체를 사용하지 않습니다. 오른쪽에서 왼쪽으로 체중 이동이 이뤄지지 않고 손으로만 휘두르면 아래에서 들어 올리는 식으로 때릴 수밖에 없습니다. 하지만 이런 사람도 비교적 쉽게 핸드 퍼스트로 칠 수 있는 방법이 있습니다.

연습법 **핸드 퍼스트로 치는 연습 ①**

왼발(왼쪽)에 체중을 실은 상태로 어드레스해 오른발로 체중을 옮기지 말고 백스윙 → 다운스윙을 실시하면 핸드 퍼스트로 치기 쉽다. 단, 손으로만 휘두르려고 하면 얼리 릴리즈가 될 우려가 있으니 몸의 리드로 휘두르는 것을 잊지 않는다!

핸드 퍼스트로 치는 방법 ①

첫 번째는 처음부터 왼발에 체중을 실어 왼쪽을 축으로 스윙하는 방법입니다. 왼발에 중심을 이동한 상태로 친 다음 오른발을 끝까지 회전해 세울 수 있어야 좋은 자세라 할 수 있습니다. 이런 자세가 나오는지 아닌지 셀프 점검을 해 보시기 바랍니다.

우선은 풀 샷이 아니라 하체를 움직이는 작은 어프로치 동작부터 시작해 양손의 위치가 왼발 안쪽까지 들어왔을 때 임팩트할 수 있으면 이상적인 핸드 퍼스트로 치고 있다고 말할 수 있습니다.

핸드 퍼스트로 치는 방법 ②

또 다른 방법은 발끝이나 무릎을 타깃 방향으로 향하게 하고 약간 오픈 스탠스를 잡은 다음 치는 것입니다.

공은 양발 가운데 선상에 두고 발은 어깨너비로 벌립니다. 이때 왼발 끝을 타깃 방향으로 45도가량 열고 허리는 30도 정도 향하게 합니다. 머리와 어깨는 공을 정면으로 바라보는 어드레스 자세로, 허리가 오른쪽으로 돌지 않도록 조심하면서 어깨를 조금 당겨 백스윙합니다. 그리고 다리와 배의 리드로 클럽을 당겨

연습법 핸드 퍼스트로 치는 연습 ②

양발이 오픈 스탠스가 되어도 어깨는 열리지 않도록 주의한다. 처음에는 허리에서 허리 정도로 작게 휘두르다가 조금씩 스윙 폭을 늘려 간다. 이 연습으로 공을 낮게 밀어 치는 핸드 퍼스트의 임팩트 감각을 익힐 수 있다.

임팩트합니다.

하체부터 시작하는 몸의 회전은 완벽한 핸드 퍼스트를 익히는 필수 요건입니다. 핸드 퍼스트로 치려고 할 때 하체가 돌아가지 않으면 클럽 헤드의 최저점이 오른쪽으로 오기 쉬워 공 바로 앞에서 뒤땅이 나와 버립니다. 뒤땅을 피하려고 몸을 들어 올리면 이번에는 아래에서 퍼 올리는 스윙을 하게 됩니다.

이 드릴에서는 처음부터 오픈된 자세를 잡고 있으므로 몸을 왼쪽으로 돌린 상태와 마찬가지입니다. 그러므로 특별히 하체나 몸의 회전을 신경 쓰지 않고 스윙해도 자연스럽게 핸드 퍼스트로 임팩트할 수 있습니다.

오픈 스탠스로 핸드 퍼스트 자세를 잡을 수 있으면 조금씩 스탠스를 똑바로 되돌려 같은 감각으로 칠 수 있도록 연습하는 것이 이상적이다. 하체가 리드하는 임팩트를 할 수 있으면 자연스럽게 핸드 퍼스트 상태가 된다!

주의할 점은 손목이 경직되지 않아야 합니다. 손목이 굳어 있으면 임팩트에서 손이 앞으로 뻗어 나가지 않습니다. 10야드, 20야드처럼 짧은 거리일 때는 손목을 고정해 치기도 하지만 핸드 퍼스트의 목적은 공을 멀리 날리는 것, 공을 강하게 밀어 치는 것이므로 손목을 유연하게 사용해야 합니다.

핸드 퍼스트로 칠 수 있으면 좋은 하프 톱이 나옵니다. 좋은 하프 톱이란 클럽 헤드가 공의 적도(정중앙)나 그보다 약간 아래쪽에 맞는 것입니다. 핸드 퍼스트에서는 헤드가 위에서 아래로 낮고 길게 뻗어 나가며 공을 치기 때문에 미스가 크지 않은 톱이 나옵니다.

핸드 퍼스트 연습이 가능한 클럽

핸드 퍼스트를 익히기 위해 특수한 클럽을 사용한 연습 방법을 알려드리겠습니다. 애초 핸드 퍼스트 형태로 제작된 'DST 컴프레서(Compressor)'라는 클럽을 사용한 연습입니다.

샤프트가 휘어져 있어서 일부러 핸드 퍼스트 형태를 만들지 않아도 공을 미는 감각을 느끼며 칠 수 있습니다. 과도한 어퍼 블로로 치면 토핑이 나오기 쉬우므로 클럽 헤드를 낮게 보내 토핑을 방지하는 데도 효과적입니다. 쇼트 아이언의 이미지 트레이닝에 매우 유용한 클럽입니다.

샤프트를 변형해 핸드 퍼스트 상태가 되도록 만든 클럽. 일반적인 클럽
과 비교하면 차이를 한눈에 알 수 있다.

이 클럽으로 치면 의도
하지 않아도 핸드 퍼스
트가 되므로 감각을 쉽
게 익힐 수 있다.

핸드 퍼스트는 만능이 아니다

지금까지 알아보았듯이 핸드 퍼스트는 최대 효율 임팩트를 하는 데 있어 매우 중요한 요소이지만 타구가 왼쪽으로 휘는 미스 샷, 즉 훅이 자주 나오는 사람은 과한 핸드 퍼스트가 원인일 가능성이 있습니다. 여기서는 이를 해결하는 방법을 살펴보겠습니다.

일반적인 핸드 퍼스트는 그립 끝이 왼쪽 다리의 고관절 안쪽을 향하고 클럽 페이스는 수직인 상태입니다. 이런 핸드 퍼스트로 임팩트하면 공을 강하게 밀어 칠 수 있습니다.

공이 왼쪽으로 많이 휘는 사람은 어드레스 시 과도한 핸드 퍼스트가 원인일 수 있습니다. 예를 들어 공 위치를 오른쪽에 두고 그립 끝을 왼쪽 다리 바깥쪽 부근까지 내보낸 자세를 들 수 있습니다. 이 지점에서는 페이스가 지면과 수직이 지만, 손을 가운데로 되돌리면 페이스가 덮여서 옵니다(페이스면이 왼쪽 아래를 향함).

즉 처음부터 핸드 퍼스트 자세를 너무 강하게 만들고, 거기다 페이스까지 수직이면 임팩트에서 페이스가 지면을 향하며 덮인 상태로 맞게 됩니다. 여기에 하체 리드가 잘 이루어지지 않으면 암 로테이션의 타이밍이 빨라지므로 풀 훅 등의 큰 미스 샷도 발생할 수 있습니다.

CHECK! **과도한 핸드 퍼스트 상태**

왼쪽 사진처럼 손(그립 끝)을 왼쪽 넓적다리 앞이나 그보다 더 왼쪽에 두고 셋업하는 사람은 핸드 퍼스트가 과도하다고 말할 수 있다.

CHECK! **핸드 퍼스트가 과도할 때의 임팩트**

과도한 핸드 퍼스트 상태에서 스윙을 시작하면 어드레스 시보다 페이스가 지면을 향하며 덮여서 임팩트하기 쉬워 훅 샷이나 심할 때는 풀 훅이 나올 수도 있다. 어드레스는 사람마다 각자 취향이 있지만, 과도하게 핸드 퍼스트를 취한다 싶으면 다음 페이지에서 소개하는 방법으로 어드레스하길 권한다!

CHECK! 과도한 핸드 퍼스트 대책법

공과 페이스면을 스퀘어로 세팅하고 그립한 뒤 핸드 퍼스트 형태를 만든다. 그러면 처음에 세팅했을 때보다 페이스면이 약간 오픈된다. 과도한 핸드 퍼스트가 되는 사람은 이 상태에서 스윙에 들어가도록 하자.

일단 그립 끝이 몸 한가운데를 가리키도록 잡고 페이스면을 타깃(공)과 스퀘어로 맞춥니다. 그 후 왼쪽 다리 앞 부근으로 손을 가져가 핸드 퍼스트 형태를 만들면 공에 대해 페이스가 약간 열립니다. 이 어드레스로 스윙을 시작해 임팩트하면 페이스가 지면을 향하며 너무 덮여 맞는 것을 방지할 수 있습니다.

클럽 궤도가 아웃사이드 인이 아닌데도 공이 왼쪽으로 크게 휘는 풀 샷이 나오는 사람은 과도한 핸드 퍼스트가 원인일 수 있으므로 기본부터 차근차근 체크해 보시기 바랍니다.

다운 블로를 몸에 익히자

핸드 퍼스트를 연습한 뒤에는 다운 블로의 감각, 클럽 헤드의 힘을 아래쪽으로 향하게 하는 움직임을 익혀 봅시다.

이번 드릴은 피칭 웨지를 사용합니다. 왼손과 오른손 사이에 손가락 세 개 정도의 간격을 벌린 스플릿 핸드로 쥐고, 오른쪽 팔꿈치를 가볍게 접듯이 백스윙합니다. 어깨에서 어깨 높이까지 휘두르면서 접은 팔꿈치를 아래쪽으로 풀어주는 드릴입니다. 손을 아래로 낮게 뻗는 감각을 익히는 것이 목적입니다.

임팩트를 향해 클럽을 휘두를 때, 클럽 헤드가 위로 향하면 어퍼 블로나 토핑이 나옵니다. 힘이 위로 향하는 것은 좋지 않으므로 헤드를 낮고 길게 내보내기 위해 오른쪽 팔꿈치를 아래쪽으로 풀어 줍니다. 이것이 다운 블로의 움직임이며 공을 치고 난 후 헤드가 지면에 닿는 감각이 들면 다운 블로가 잘 이루어졌다는 증거라 할 수 있습니다.

이때도 손으로만 휘두르지 않도록 주의해야 합니다. 하체 회전 없이 손으로만 클럽을 휘두르면 지면을 먼저 치고 공을 치는 뒤땅이 나오게 됩니다. 오른팔을 펴기 시작할 때는 절대로 힘을 주지 말아야 하며 어디까지나 몸의 회전이 먼저 이루어지고 팔은 뒤따라 뻗어 나와야 합니다. '힘을 넣는다'라기보다 '힘을 뺀다'라는 느낌이 더 적합하겠습니다. 조금 과장해서 말하면, 스윙 마지막에 오른손을 클럽에서 놓아도 괜찮을 정도의 느낌입니다. 그러면 클럽 헤드는 쭉 뻗어 나갑니다.

뒤땅이 될 것 같으면 오른손을 뻗는 포인트를 좀 더 왼쪽으로 가져가면 됩니다. 잘 맞으면 핸드 퍼스트가 되며 다운 블로 샷이 나와 낮게 날아가는 공이 나옵

콤팩트한 스윙이지만, 하체(몸)는 확실히 회전한다. 몸의 리드에 맞춰 오른쪽 팔꿈치를 아래쪽으로 펴주기 시작하면 헤드가 낮고 길게 빠져 다운 블로로 칠 수 있다.

 사진처럼 하체가 전혀 돌아가지 않고 손으로만 휘두르면, 공을 맞히기 전에 오른쪽 팔꿈치가 풀려 심한 뒤땅이 나온다.

니다. 이 드릴의 목적은 힘을 아래로 향하는 것이므로 낮게 날아가는 공이 나왔다면 제대로 치고 있다고 보면 됩니다.

스플릿 핸드로 여러 차례 드릴을 실시한 다음, 일반적인 그립으로 돌아와 같은 동작을 해봅시다. 포인트는 동일합니다. 접은 팔꿈치를 아래쪽으로 펴주는데, 몸의 회전에 당겨지는 형태로 오른쪽 팔꿈치를 펴줍니다.

이 드릴로 임팩트 시 헤드가 낮고 길게 지나가는 감각을 몸에 새기면 평소 스윙으로 돌아와도 자연스럽게 다운 블로로 공을 맞힐 수 있습니다.

스플릿 핸드에서 일반적인 그립으로 돌아온 뒤에도 처음에는 허리에서 허리 높이로 작게 스윙한다. 마찬가지로 하체(몸)의 리드로 팔과 클럽이 따라와 오른쪽 팔꿈치가 펴지면서 공을 치는 것이 포인트다. 자연스럽게 헤드가 낮고 길게 나가면서 다운 블로로 임팩트할 수 있다.

3 웨지의 기능을 최대한 살리는 임팩트

웨지의 좋은 임팩트와 나쁜 임팩트

클럽이 바뀌면 어드레스했을 때 공과의 거리가 달라지고 핸드 퍼스트 형태도 바뀝니다. 웨지는 완전한 핸드 퍼스트로 맞히는 것이 이상적입니다. 로프트각이 큰 클럽인 만큼 핸드 레이트로 임팩트하면 페이스가 지나치게 위를 향한 채 맞게 되어 비거리를 잃어 버립니다.

여기서 주의할 점은 샤프트(클럽)의 각도입니다. 샤프트가 누우면 클럽 헤드는 낮은 위치에서 위로 올라가고 샤프트를 세우면 위에서 아래로 내려갑니다. 샤프트 각도는 업라이트 스윙, 플랫 스윙의 변환에서 중요한 포인트입니다. 드라이버는 가로로 접근하는 움직임이며, 짧은 클럽일수록 샤프트는 세워져서 오게 됩니다. 그러므로 웨지는 업라이트 스윙(세로)에 가까운 형태라고 기억해 두시기 바랍니다.

공의 위치는 중앙에서 약간 오른발 가까이. 손이 헤드보다 앞으로 나오는 핸드 퍼스트로 치면 헤드가 세워져 공을 밀어내는 임팩트가 된다.

헤드가 손보다 먼저 나가는 핸드 레이트는 본래의 로프트각보다 페이스가 더 위를 향한 상태로 닿기 때문에 공을 밀어내지 못하고 붕 띄워 올린다.

웨지의 헤드 구조를 다시 한 번 확인해 보자

웨지의 클럽 헤드는 페이스(면), 솔(바닥), 바운스(헤드 뒤쪽의 볼록한 부분), 리딩 에지(페이스와 솔의 경계) 등 여러 파트로 이루어져 있습니다. 각 부분의 역할을 제대로 알고, 자유자재로 다룰 수 있느냐 없느냐로 쇼트 게임의 결과가 결정된다고 해도 과언이 아닙니다.

그린 주변에서 자주 나오는 미스 샷은 뒤땅과 심한 토핑을 들 수 있는데, 바운스의 기능을 제대로 활용하지 못하거나 리딩 에지에 대한 인식이 낮아서 발생합니다.

어떤 샷을 하고 싶으냐에 따라 웨지의 헤드 사용법은 크게 달라집니다. 낮은 타구로 굴러가는 어프로치 샷을 칠 때와 바로 앞에 있는 벙커를 넘어가기 위해 높은 공을 칠 때, 클럽 헤드가 공에 접근하는 각도는 완전히 다르지요. 헤드의 구조를 이해하고 어떤 샷을 칠지 선택하는 것은 매우 중요하므로 정확히 이해해 봅시다.

CHECK! 웨지 클럽의 특성

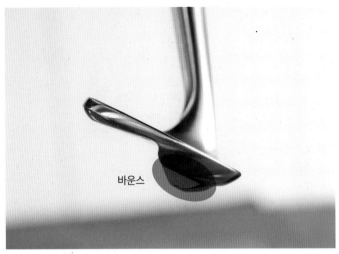

바운스

헤드 뒷면 아래 볼록 튀어나온 부분이 바운스. 이곳을 능숙하게 사용하면 뒤 땅을 방지할 수 있다.

리딩 에지

페이스와 솔의 경계(페이스 밑면에서 1~2번째 라인 부분)가 리딩 에지다.

'토핑'을 자유롭게 구사하는 것이야말로 어프로치 실력을 향상시키는 열쇠

어프로치에는 다양한 요소가 있습니다. 클럽 페이스가 공에 접근하는 방식이나, 잔디 길이 같은 주변 환경을 고려해 어떤 각도로 칠 것인가, 굴릴 것인가 띄울 것인가 등 판단할 요소가 많아 샷 중에서도 가장 까다롭다고 말할 수 있습니다.

어프로치 샷을 실패하지 않는 최선의 방법은 공을 띄우지 않는 것입니다(꼭

CHECK! 헤드를 내보내는(공을 올리는) 타법

공을 띄우고 싶을 때 사용하는 방법이지만, 리딩 에지가 박히는 청크 샷이 나오거나 토핑이 나왔을 때 공이 필요 이상 날아가 버리는 등 실수가 발생하기 쉬워 위험도가 조금 높은 타법이다. 꼭 필요할 때만 사용하자.

띄워야만 하는 상황은 제외). 낮게 치려고 하는데도 공이 자꾸 높이 뜨는 사람은 어프로치에 실패할 가능성이 큽니다. 띄운다는 것은 공이 제대로 맞았을 때 공이 멀리 날아가지 않는다는 말입니다. 그러나 자칫 토핑을 할 경우에는 너무 멀리 날아가 버릴 위험도 있습니다. 그래서 30야드를 노렸는데 50야드 이상 날아가 버리는 실수를 하는 사람이 많습니다.

즉 띄우는 어프로치는 제대로 맞으면 날아가지 않지만, 토핑을 치면 너무 멀리 날아가는 극단적인 어프로치입니다.

공을 띄운다는 것은 공을 치고 난 후에도 헤드가 지나가고 있다는 뜻입니다.

원하지 않는데도 공이 뜨는 사람은 공을 친 후에 헤드가 너무 앞으로 나가지 않도록 주의해야 합니다. 헤드가 지나가게 하지 말고 팔과 클럽이 하나가 된 채 핸드 퍼스트 자세로 치면 너무 높이 올라가지도 않고 뒤땅도 적게 발생하는 낮은 어프로치를 할 수 있습니다.

다만 조금만 휘두르려고 마음먹었더라도 '토핑하지 말아야지.' 하고 긴장하면 팔이 굳게 되고 헤드만 먼저 나가, 공이 너무 멀리 날아가는 미스 샷이 발생하기 쉽습니다. 어프로치 웨지 등 로프트가 어느 정도 세워져 있는 클럽을 사용할 때는 토핑을 두려워하지 마세요. 오히려 토핑이 나올 정도로 휘두른다는 마음가짐이어도 괜찮습니다. 낮은 공이라도 괜찮다면 페이스 가운데로 맞힐 필요가 없으니, 핸드 퍼스트를 유지한 상태에서 리딩 에지가 공의 적도(중앙) 부근에 맞는 임팩트를 목표로 하시기 바랍니다. 약간 토핑 느낌으로 맞지만, 바로 앞으로 굴러가기만 할 뿐 너무 멀리 날아가는 미스는 나오지 않습니다.

로프트가 작을수록 토핑했을 때의 미스가 적습니다. 반대로 샌드 웨지 등 로프트가 큰 클럽으로 토핑하면 큰 실수로 이어지기 쉽습니다. 그러므로 자신의 실력에 맞는 클럽을 선택하고 그에 맞는 타법을 구사하는 것이 중요합니다.

손목을 사용하지 않고 핸드 퍼스트를 유지한 상태에서 임팩트하면 낮은 탄도의 어프로치 샷이 나온다. 손목을 제어하고 있으므로 심한 토핑 등의 미스 샷을 방지할 수 있고 비거리도 내기 쉽다.

CHECK! 공의 적도를 노려라!

실수가 허용되는 클럽과 그렇지 않은 클럽이 있다. 로프트가 큰 클럽은 맞히는 방법도 까다로워 공을 컨트롤하기 어렵다. 그래서 웨지를 사용할 때는 너무 정확하고 깔끔하게 맞히려고 하지 말고 리딩 에지가 공의 적도 부근을 친다고 생각할 정도의 대범함도 필요하다.

샌드 웨지는 의도적으로 공 앞에서 뒤땅을 쳐라

샌드 웨지는 어떻게 뒤땅을 치느냐가 포인트입니다. 페어웨이에서 공이 뜨는 것은 솔이나 바운스가 지면과 부딪히기(뒤땅을 치기) 때문입니다. 공을 올리고 싶으면 뒤땅을 칩니다. 의도적인 뒤땅과 실수로 나오는 뒤땅은 전혀 다릅니다.

클럽을 진자의 움직임으로 휘두를 때 지면에 닿는 부분은 솔이나 바운스 부분이며 리딩 에지는 닿지 않습니다. 즉 뒤땅한다는 말은 솔이나 바운스를 지면에 닿게 한다는 뜻입니다.

샌드 웨지를 잡았다면 깔끔하게 공을 맞히려고 하지 말고 공의 2~3cm 전에 헤드가 들어갈 정도로 과감하게 칩니다. 에지부터 들어가면 청크 샷이 나올 수 있지만, 바운스가 지면에 닿으면 괜찮습니다. 공 2~3cm 전부터 클럽이 들어가면 바운스의 도움으로 클럽이 미끄러지며 공으로 향합니다. 로프트가 있기 때문에 억지로 올리려고 하지 않아도 공은 자연스럽게 올라갑니다.

샌드 웨지는 정확하고 깔끔하게 공을 맞혀야 좋은 샷이라고 생각하는 사람이 많지만, 깔끔하게 치려다 토핑이 나오는 것이 가장 나쁜 상황이므로 '샌드 웨지는 뒤땅을 이용한다.'라고 기억해 두시기 바랍니다. 뒤땅을 치는 방법이 능숙해지면 샌드 웨지를 자유자재로 사용할 수 있습니다.

또한 뒤땅을 치든 깔끔하게 치든 관계없이, 중요한 것은 체중을 왼발에 싣는 것입니다. 작은 움직임이라도 몸이 리드하면 실수는 줄어듭니다. 30야드든 100야드든 스윙 폭만 변할 뿐, 하체의 움직임(체중 이동)은 똑같습니다. 올바른 체중 이동을 익히면 짧은 거리든 긴 거리든 스윙의 이미지는 같다는 뜻입니다.

2~3cm 뒤

샌드 웨지는 헤드 뒷면의 바운스를 잘 다루는 것이 포인트다. 깔끔하게 치려고 하지 말고 공의 2~3cm 전에 뒤땅을 치면, 바운스의 도움으로 클럽이 미끄러지면서 임팩트한다.

NG

깔끔하게 치려다 보면 리딩 에지가 지면에 박히는 청크 등의 미스 샷이 나올 수 있다.

4

생애 최고의 스윙에
도전한다 (응용편)

한 차원 더 높은 비거리 & 정밀도를 달성하는 비법

지금까지 살펴본 최대 효율 임팩트의 메커니즘을 이해하고 각 클럽의 성격에 맞춘 임팩트를 마스터한다면, 여러분의 스윙 정밀도는 틀림없이 높아지고 월등히 늘어난 비거리의 샷을 날릴 수 있을 것입니다.

하지만 여기서 만족하지 말고 한 차원 높은 목표를 노려 봅시다. 지금부터는 응용편입니다. 더 멀리 뻗어 나가는 비거리, 더욱 예리한 샷의 정밀도, 일관성 높은 탄탄한 스윙으로 진화하기 위한 비결이라고 말할 수 있는 노하우를 전해 드리겠습니다.

이 파트에서는 다음 세 가지 포인트를 집중적으로 설명합니다.

- 최대 비거리를 실현하는 오른손의 '진짜 역할'
- 클럽의 성능을 최대한 이끌어 내는 '유연한 힘'의 비밀
- 깔끔한 라인을 만드는 '페이스 컨트롤'의 핵심

‘왼손이 리드하는 스윙을 하라.’ 같이 왼손의 중요함을 강조하는 조언은 매우 많은 반면, ‘오른손은 사용하지 말 것’, ‘오른손은 거들 뿐’처럼 오른손은 스윙을 방해하면 안 된다고 주의하는 조언이 대부분입니다. 하지만 오른손도 분명 중요한 역할이 있습니다. 최대 비거리를 실현하기 위해서는 오른손의 힘도 빼놓을 수 없으므로 오른손의 역할과 활용법을 확실하게 익혀 두시기를 바랍니다.

또한 힘이 부족함에도 긴 비거리를 내기 위해서는 헤드 스피드를 높이는 ‘유연한 힘’이 필요합니다. 이 힘이 어떻게 만들어지는지도 자세히 소개합니다.

여기에 샷의 정밀도를 더욱 높이는 페이스 컨트롤의 핵심 요소까지 마스터한다면, 여러분은 생애 최고의 스윙을 함으로써 자체 기록을 경신할 수 있을 것입니다.

오른손의 '3종 비밀 병기'를 사용해 비거리를 UP!

오른손에는 세 가지 역할이 있다!

골프를 하다 보면 '오른손은 사용하지 않아도 괜찮다.'라는 이야기를 들을 때도 있습니다. 그만큼 왼손이 중요하다는 뜻이겠지요. 하지만 오른손의 힘이 없으면 절대 공을 제대로 날릴 수 없습니다. 그럼 오른손의 본래 역할은 무엇일까요? 크게 세 가지로 나눠 볼 수 있습니다.

① 전환 동작에서 멈춤과 되돌림

첫 번째 역할은 톱 오브 더 스윙을 향해 올라간 클럽을 멈춰 세우는 역할입니다. 백스윙으로 올라갈 때, 클럽은 헤드의 무게 때문에 가속이 붙습니다. 그 기세를 오른손이 멈춰 세웁니다. 올라온 클럽에 브레이크가 걸리면 클럽은 휘어지며 힘차게 되돌아갑니다. 어디까지나 클럽의 기세를 멈추는 것뿐이므로 검지와 중지, 약지의 관절 부분에 올려놓듯 세웁니다. 낚싯대를 던질 때 뒤로 넘긴 낚싯대를 오른손으로 받아 멈췄다가 '피융' 하고 휘며 앞으로 되돌리는 모습과 비슷합니다. 그런 이미지를 떠올려 보세요.

CHECK! 오른손의 역할

① 전환 시의 '멈춤'과 '되돌림'

전환할 때 오른손은 클럽을 멈춰 세우는 역할을 한다. 손에 힘을 줘서 클럽을 강하게 잡으면 클럽이 크게 휘지 않으므로 주의! 클럽을 받치듯이 멈춰 세우면서 다운스윙으로 되돌아가는 동작을 취한다.

② 다운스윙 시의 궤도 확보

다운스윙 시 왼손의 리드로 클럽이 움직이지만, 왼손 하나만으로는 궤도가 불안정하다. 지나치게 인사이드로 들어가지 않도록 오른손이 보조하면 클럽을 올바른 궤도로 유도할 수 있다.

② 다운스윙 시 올바른 궤도의 확보

두 번째 역할은 클럽의 궤도를 보조하는 것입니다. 왼손 하나만으로 휘두르면, 클럽 궤도가 제멋대로 흔들립니다. 궤도가 흐트러지지 않도록 오른손이 보조하면 샤프트의 기울기가 안정된 상태로 임팩트할 수 있습니다.

③ 임팩트 시의 에너지 해방

세 번째 역할은 마지막 밀어주기입니다. 오른손은 왼손의 리드로 뻗어 나가는데(오른손이 풀리는데), 이 움직임이 마지막으로 공을 한 번 밀어주는 작용을 해 비거리가 늘어납니다. 단, 의식적으로 오른손에 힘을 쓰면 안 됩니다. 억지로 밀려고 하면 손과 몸이 멀어져 클럽이 바깥쪽에서 들어오거나 최저점이 오른쪽으로 이동해 뒤땅이 날 수 있습니다. 어디까지나 자연스럽게 밀 수 있도록 힘을 풀어주는 것이 중요합니다.

③ 임팩트 시의 에너지 해방

임팩트를 향할 때 몸의 회전에 의해 클럽이 안쪽으로 당겨지지만, 이때 굽어 있던 오른쪽 팔꿈치가 쭉 뻗으면서, 모여 있던 힘이 공을 치는 방향으로 펑 하고 강하게 풀린다. 그럼으로써 마지막에 한 번 더 공을 밀어주는 힘이 생겨 비거리가 늘어난다.

오른손의 올바른 감각을 기억하자

오른손의 올바른 사용 감각을 익히는 데 도움이 되는 '클로 그립(Claw grip) 드릴'을 소개합니다. 왼손은 평소처럼 쥐고, 오른손은 네 손가락을 편 채 손등이 앞을 향하도록 클럽 위에 올립니다. 엄지는 클럽 뒤쪽에 두어, 엄지와 나머지 네 손가락 사이에 클럽을 끼우듯이 쥐는 방법입니다. 클로 그립으로 쥐면 스윙 중 오른손에서 일어나는 '멈춤'과 '되돌림'을 느끼기 쉽습니다.

이 드릴은 풀 샷으로 연습할 필요가 없으며, 어프로치 같은 느낌으로 실시하면 됩니다. 왼손, 왼쪽 어깨와 몸으로 일체감을 만들어 허리 높이까지 백스윙하면 오른손으로 클럽을 누르고 있기 때문에 샤프트의 휘어짐이 생깁니다. 그 후 다운스윙하면 오른손은 잡고 있지 않으므로 자연스럽게 힘이 풀어지게 됩니다.

공이 자꾸 힐에 맞는 사람, 오버 스윙이 되는 사람, 그로 인해 팔꿈치가 위로 올라가는 사람, 전환 시 힘이 쌓이지 않는 사람 등 다양한 문제를 개선해 줍니다. 클로 그립으로 공을 잘 맞힌다면 왼손이 제대로 리드하고 있다는 뜻입니다.

먼저 오른손부터 세팅한다. 손등이 앞을 향한 형태로, 엄지를 그립 뒤쪽에 두고 나머지 네 손가락은 앞쪽에 댄다. 엄지와 나머지 손가락 사이에 클럽을 끼우듯이 쥐고 왼손은 평소대로 그립하면 클로 그립 완성.

스윙은 허리에서 허리까지 휘두르는 정도도 괜찮다. 그래도 관성으로 클럽 헤드가 어깨 높이까지 올라가는데, 그때 오른손으로 멈춰 세우면 클럽 샤프트의 휘어짐을 느낄 수 있다.

2

+20야드를 만들어내는 '유연한 힘'

클럽의 성능을 마음껏 발휘하게 만드는 힘, 유력

근육과 골격 등 육체적인 조건이 뛰어나고 힘이 좋은 사람이 공을 정확히 맞히면 긴 비거리가 나올 것입니다. 그런데 상대적으로 체력이 약한 여성이나 힘이 부족한 남성도 유력을 사용하면 그에 못지않게 공을 멀리 날릴 수 있습니다.

'유력(柔力)'은 제가 만든 용어입니다. 문자 그대로 부드러운 힘, 유연한 힘을 뜻합니다. 하체를 의식해 체중 이동을 하고, 팔에 힘을 빼고, 휘어지듯 부드럽게 스윙합니다. 손목과 팔이 유연할수록 클럽의 운동량이 증가하므로 신체 움직임이 크지 않아도(느리게 보여도) 헤드 스피드는 올라가는 것이죠. 작은 움직임, 적은 힘으로 클럽 헤드를 크게 움직이는 것, 이것이 가장 효율적으로 비거리를 향상시키는 힘입니다.

반면 손이나 어깨가 굳어 있으면 클럽의 속도가 올라가지 않으므로 자신도 모르게 몸을 과도하게 움직여 클럽을 빠르게 휘두르려고 합니다. 상체의 회전 속도가 빠른데도 공이 멀리 날아가지 않는 사람은 클럽과 몸, 팔이 유연하지 못하고 단단하게 굳은 상태로 움직이고 있을 가능성이 높습니다.

육체적인 조건이 불리하거나 힘이 부족한 사람이 긴 비거리를 낼 수 있는 포인트는, 힘을 빼고 몸의 리드에 따라 팔을 휘둘러 올리는 것입니다. 이때 머리가 움직이면 좋지 않으므로 무릎, 허리, 하체를 움직여 클럽을 휘두릅니다. 공을 멀리 날리는 포인트는 '몸은 천천히, 클럽은 빠르게' 라는 것을 기억하세요.

손을 잘 사용하게 되어 암 로테이션으로 클럽을 가속해 공을 맞힐 수 있게 되면 뒤에서 소개하는 클럽 페이스 컨트롤 기술까지 익혀 보시기 바랍니다. 페이스를 오랫동안 스퀘어로 유지하며 나아가는 감각을 터득하면 훅이나 풀 훅 등의 미스 샷에서 해방되어 비거리 손실이 없는 좋은 샷을 칠 수 있을 것입니다.

유력을 키우는 드릴

이론적으로 유력을 이해했다 하더라도 손목 등 신체 각 부위를 마음먹은 대로 사용하지 못하면 그 힘을 온전히 발휘할 수 없습니다. 지금부터 유력을 익히고 몸을 능숙하게 사용할 수 있는 드릴을 소개합니다.

1단계에서는 손목만 사용해 클럽을 움직입니다. 휘두르는 폭은 허리에서 허리 높이입니다. 몸 옆에서 옆으로 클럽 헤드를 움직이므로 스윙 궤도는 인사이드 인입니다.

2단계에서는 1단계에 체중 이동을 더합니다. 양다리로 체중 이동을 실시하고 팔이 양옆으로 휘둘러지도록 합니다. 이때 양팔은 시곗바늘 4시에서 8시 정도의 위치에서 움직입니다. 양손의 높이는 1단계와 마찬가지로 허리에서 허리까지지만, 손목의 힘을 느슨하게 풀어서 암 로테이션으로 클럽의 운동량을 늘려 갑니다. 양손의 위치는 같아도 손목이 느슨해짐으로써 클럽 헤드는 원을 그리는 듯한 모양이 되어 갑니다.

- 1단계 -

손목만 사용해 클럽을 허리에서 허리의 진폭으로 휘두르는 드릴. 거울을 보거나 동영상을 찍어 클럽 궤도가 인사이드 인이 되는지 확인한다.

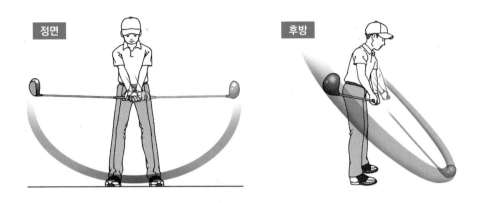

정면 　　　후방

- 2단계 -

1단계에서 좌우로 체중을 이동하는 움직임을 더한 드릴. 손은 허리에서 허리 높이까지 움직이지만, 클럽 헤드는 더욱 크게 움직이는 것을 확인할 수 있다.

마지막으로 3단계에서는 2단계에 몸의 꼬임을 더해 원심력을 높여 갑니다. 이때 팔을 의식하는 것이 아니라 발과 허리, 몸에 꼬임이 생기는지 신경 씁니다.

이 드릴의 목적은 팔 움직임을 부드럽게 만드는 것입니다. 손의 힘이 느슨하므로 몸이 회전하면 팔과 클럽이 몸 쪽으로 휘감기듯이 오고, 피니시에서는 샤프트가 목이나 어깨를 스치듯 멈추게 됩니다.

헤드 스피드를 증가시키는 포인트는 앞서 이야기한 대로 오른팔의 움직임입니다. 백스윙으로 몸을 휘감듯이 올린 클럽을 오른팔이 지지함으로써 클럽을 한층 가속시킵니다. 그네에 실려 올라온 몸을 뒤에서 탕 하고 밀어 기세를 더하는 느낌이지요. 이때 오른쪽 손바닥을 아래쪽으로 뻗지 않으면 헤드 스피드는 절대 올라가지 않습니다. 몸의 회전에 이끌리듯 양팔을 휘두름으로써 자연스럽게 팔이 되돌아가는 유연함을 터득하면 헤드 스피드가 올라갑니다.

체중 이동을 크게 하면 큰 원심력이 생기고 여기에 몸의 꼬임까지 더하면 더욱 큰 원심력을 만들어낼 수 있습니다.

- 3단계 -

2단계의 움직임에 몸의 꼬임이 더해져 양손의 움직임이 커지는(가슴에서 가슴) 패턴. 클럽 헤드는 원을 그리며 한 바퀴 돌 정도로 크게 움직인다.

3 손과 클럽 페이스를 연결해 컨트롤 능력을 향상

페이스를 컨트롤해 최고의 정밀도를 손에 넣자!

먼저 스윙 중 페이스가 돌아올 때 팔과 그립에 어떤 비틀림과 힘이 가해지는지 알아야 합니다.

기본적으로 클럽을 잡고 있을 때는 왼손에는 미는 힘, 오른손에는 아래에서 위로 당기는 힘이 작용합니다. 이러한 힘의 관계가 있으면 페이스는 왼쪽으로 회전, 즉 '되돌아'옵니다. 임팩트 시 페이스를 되돌리지 못해 슬라이스가 나오는 사람은 이 움직임을 확실히 익혀야 합니다.

그런데 이러한 페이스 로테이션을 터득해 공을 맞힐 수 있게 되면, 그다음은 페이스가 너무 돌아가는 바람에 고민에 빠지는 사람이 많습니다.

이런 문제가 발생하는 사람은 손에 들어간 힘의 균형을 역전하면 됩니다. 즉 왼손은 당기고 오른손은 밀면 클럽에 반대의 힘이 더해지므로 페이스가 지나치게 돌아가지 않도록 제어할 수 있습니다.

손으로만 컨트롤하는 방법이라 그리 바람직하지는 않습니다만, 하나의 해결책으로 익혀 두시기 바랍니다.

CHECK! 그립과 페이스의 관계

■ 왼손은 밀고 오른손은 당김 = 페이스가 돌아감

왼손은 밀고 오른손은 당겨 힘을 넣는 기본 방법. 이렇게 하면 페이스가 돌아가게 되어 공을 잘 맞힐 수 있다.

■ 왼손은 당기고 오른손은 밈 = 페이스가 돌아가는 것을 제어

동영상**으로 체크!**
QR코드를 스캔하면 저자의 연습 동영상을 볼 수 있습니다.

기본적인 방법과 반대로 왼손은 당기고 오른손은 미는 힘의 균형을 통해 페이스가 돌아가는 움직임을 제어할 수 있다. 강한 훅 샷이 나오는 사람은 힘의 균형을 역전하면 똑바로 혹은 약간 오른쪽으로 나가는 공을 칠 수 있다.

벙커 샷에서의 페이스 컨트롤

벙커 샷을 할 때는 페이스가 되돌아가지 않아야 합니다.

페이스가 되돌아가지 않게 하려면 오른손을 바깥쪽으로 회전해(손바닥이 위를 향하도록) 페이스가 위를 향하게 합니다. 또한 손가락 끝이 타깃 방향을 향하게 하는 동작도 중요합니다. 오른손을 바깥쪽으로 돌리고, 손목을 안으로 꺾어주는 스냅을 사용하면 스윙이 끝났을 때 손끝이 타깃 방향을 향합니다.

이렇게 손가락이 타깃 방향을 향하게 움직이는 것이 벙커 샷의 핵심입니다. 똑바로 들어오다가 손을 바깥쪽으로 회전해도 페이스는 열립니다만, 그래서는 공을 제대로 맞힐 수 없습니다. 임팩트 후 헤드가 모래를 빠져나가며 열리는 움직임이 필요하므로 손끝이 타깃 방향으로 향하는 손목 스냅이 들어가야 합니다. 그러면 핸드 레이트로 임팩트가 되면서 바운스를 사용해 샷을 할 수 있습니다. 벙커 샷을 칠 때는 이런 페이스 컨트롤이 매우 유용합니다.

연습장이나 실제 코스의 벙커에서 꼭 시도해 보시기 바랍니다.

■ 맨손으로

클럽을 잡지 않고 섀도 스윙을 해 본다. 오른손을 바깥으로 돌리면서 임팩트가 다가오면 손목을
안쪽으로 꺾어 스냅을 더한다.

■ 클럽을 들고

섀도 스윙으로 오른손의 움직임을 익혔다면, 실제로 클럽을 잡고 휘둘러 본다. 최종적으로는 공을
놓고 쳐서, 벙커 샷을 칠 때의 페이스 컨트롤을 몸으로 익힌다.

골프 실력 향상에 한계란 없다

처음에도 말씀드렸듯이 저는 골프를 시작한 지 4년 만에 티칭 프로 시험에 합격했습니다. 비교적 빨리 실력을 향상할 수 있었던 이유는 여러 가지가 있지만, 그 가운데 가장 큰 힘이 된 것이 골프에 대한 호기심입니다.

저처럼 업으로 삼아 365일 골프만 생각하는 사람과 취미로 하는 분들을 비교하기는 어렵습니다만, 저 역시 골프를 시작한 지 얼마 안 됐을 때는 다른 사람과 마찬가지로 실수투성이였습니다. 그래도 호기심을 잃지 않고 어떻게 해야 실력이 나아질까 고민하고 눈동냥으로 무작정 따라 해보거나 다양한 방법을 시도하는 등 한계에 도전해 왔습니다.

골프를 가르치는 입장이 된 후에도 호기심은 줄지 않더군요. 저를 포함한 개개인의 스윙을 마치 샅샅이 해부하듯이 분석하고 문제를 교정할 방법을 고민하면서, '이렇게 하는 편이 더 좋지 않을까? 이 방법이 더 구체적이고 빠르게 몸에 익힐 수 있지 않을까?' 연구를 거듭했습니다. 그 과정에서 골프 스윙의 정밀도는 계속해서 올라갈 수 있다는 사실을 깨달았습니다.

그러므로 최대 효율 임팩트, 최대 효율 스윙은 아직 완성형이 아닙니다. 스윙 메커니즘에 대한 연구를 계속한다면 효율을 조금이라도 더 높일 수 있는 새로운 가능성을 발견할 수 있을 것입니다. 이런 호기심과 확신이 제가 몸담은 골프의 토대입니다.

골프 실력을 키우기 위해 최대 효율 스윙, 자신이 꿈꾸는 스윙 만들기에 도전하기로 결심했다면 정말 철저히 몰두해야만 합니다. 지금까지 쌓아 온 것을 전부 버리라는 뜻은 아니지만, 어느 정도는 잃어도 괜찮다는 각오도 필요합니다. 이런 자세가 없으면 새롭게 발전한 스윙을 완성하기 어렵습니다.

단계를 설정하고 한 단계, 두 단계 벽을 극복해 나가기 위해서는 기존의 토대를 무너뜨린 다음 다시 쌓아 올리는 작업을 해야 합니다. 그 과정에서 지금까지 실행해 온 움직임 중 좋은 부분을 발견할 수도 있으니 사실 완전히 버리는 것도 아닙니다. 그렇게 더 탄탄한 토대를 다시 쌓아 올리다 보면 어느덧 더 높은 레벨로 올라갑니다.

아무리 실력이 발전했다고 해도 개선할 점은 반드시 있습니다. 그리고 문제가 있다는 것은 그만큼 성장할 여지가 있다는 뜻이기도 합니다. 제대로 단계를 밟아가면, 골프 실력의 향상에 한계란 없다는 뜻이지요.

물론 나이가 들면 체력적인 한계에 부딪혀 비거리가 떨어질 수도 있습니다. 이때 스윙 효율을 높임으로써 비거리를 유지하거나 떨어지는 속도를 억제할 수 있습니다. 실제로 은퇴 후 골프를 시작하고 본격적으로 레슨을 받으러 오시는 분들이 있는데, 연로하신 분도 제대로 단계를 밟아나감에 따라 스윙 방법과 문제 대처 능력을 빠르게 변화시켜 나가십니다. 좋은 변화는 성장하고 있다는 증거입니다.

이삼십 대 혹은 육칠십 대라고 해도 기본, 즉 그립이나 자세가 중요한 것은 마찬가지입니다. 얼마나 신중하게 기본기를 습득하느냐에 실력 향상의 가능성이 결정된다는 뜻입니다. 누구나 멀리 날리고 싶고, 풀 샷을 하고 싶습니다. 그런 욕심에 자세가 완성되기도 전에 조급하게 풀 샷을 하거나 수월하게 맞히는 데만 마음을 빼앗기면, 정밀도가 낮은 스윙이 몸에 밸 위험도 있습니다.

또 진정으로 골프 실력을 쌓고 싶다면, 연습에서 지나친 즐거움을 추구하지 말아야 한다는 점도 기억하시기 바랍니다. 골프 연습이 너무 좋아 어쩔 줄 모르겠다는 분도 간혹 있습니다. 즐기며 연습에 임할 수 있다는 것은 물론 좋은 일이지요. 하지만 실력을 쌓으려면 때로는 무언가를 파괴해야만 하며 그에는 괴로움이 수반됩니다. 고통과 파괴를 받아들이지 않으면 아무리 부지런히 연습장을 다닌다 해도, 실력은 쌓이지 않고 그저 스트레스 발산에 그칠 확률이 큽니다.

연습은 '3보 전진 2보 후퇴'의 반복입니다. 귀찮은 과정을 생략하면 제대로 된 실력 향상은 불가능함을 기억하세요. 목표를 설정하고 목표에 맞는 연습을 순서대로 성실히 해내는 것이 최선입니다. 같은 루틴으로 연습했는데도 실력이 늘지 않는다면 그 루틴을 바꿔야 합니다.

책을 읽거나 동영상을 보고 어느 정도 이론은 이해하셨으리라 생각합니다. 이론을 몸으로 이해하려면 당연히 연습량이 필요하지요. 이때 제삼자가 봐주는 것도 중요합니다. 자신의 상식과 기준 안에서만 사고하고 판단하면 스윙은 좀처럼 변하지 않습니다. '혼자서 실력을 쌓았다'라는 아마추어 골퍼는 천 명 중 한 명 나올 정도로 드뭅니다.

초심자라면 더욱이 자신의 생각과 실제 스윙 사이에 엄청난 차이가 있습니다. '잘못된 자세지만 어쨌든 공은 앞으로 날아가니까 괜찮아.'라고 착각하기도 쉽습니다. 진심으로 효율을 높이고 잠재력을 끌어내는 골프를 하고 싶다면, 프로에게 받는 레슨은 실력 향상을 위한 중요한 열쇠임을 이해하셔야 합니다.

기초부터 달라진 좋은 스윙으로 새로 태어나기 위해서는 변화가 필요하며, 변화의 기준이 되는 목표와 단계를 설정하는 데는 전문가와의 상담이 가장 효율적입니다. 금방 결과가 나오지 않는다고 초조해하기 쉽지만, 습득 시간은 사람마다 다릅니다. 또 단계에 시간을 들여 반복할수록 기초를 탄탄하게 다질 수 있습니다. 프로가 설정한 올바른 단계를 밟으면 반드시 변화를 확인할 수 있습니다.

'지금부터 해봐야 스윙은 못 바꿔.', '이미 나이가 많아서 비거리가 늘지 않아.' 이런 마음으로 실력 향상을 포기하는 분도 있습니다. 하지만 저는 스스로 한계를 정하지 않으면, 몇 살이 된다 해도 골프 실력을 키울 수 있다고 생각합니다.

이 책에 제가 생각하는 최대 효율 임팩트, 최대 효율 스윙을 실현하는 데 필요한 연습 과정과 방법을 성심껏 정리해 담았습니다. 여러분이 지금까지 깨닫지 못한 문제점이나 성장을 위한 실마리를 발견하고, 골프 실력을 향상하는 데 조금이라도 도움이 된다면 진심으로 기쁠 것입니다.

스스로 한계를 정하지 않고 포기하지 않으면 조금씩이지만 반드시 좋아집니다. 그것이 골프입니다. 호기심을 잃지 말고 계속 도전해 보시기 바랍니다.

2020년 9월 길일에

스가와라 다이치

스가와라 다이치(菅原大地)

Sugawara Daichi

1989년생. 프루프 코퍼레이션(Proof Corporation) 소속. 일본 프로골프협회 티칭 프로 A급, 주니어 지도원.

19세에 골프를 시작해 골프 경력 4년 만에 티칭 프로 시험에 합격했다. 일본 요코하마에 있는 골프 연습장 핸즈 골프클럽을 중심으로 레슨을 하고 있다. 친절하고 쉬운 지도와 독자적인 이론과 연습법으로 4세부터 80대까지 남녀노소 가리지 않고 수많은 골퍼를 실력 향상의 길로 인도했다. 개인 레슨 일정은 언제나 꽉 차 있고 예약 취소를 기다리려면 1년이 넘게 걸리는 등 절대적인 인기를 자랑하는 티칭 프로로 성장했다. 골프 유튜브 채널 'Daichi 골프 TV'는 구독자 수 30만 명이 넘는 인기 채널이다.

비거리와 정밀도를 한 차원 끌어올리는

골프 스윙
최강의 교과서

1판 1쇄 | 2021년 11월 22일
1판 2쇄 | 2023년 7월 17일
지 은 이 | 스가와라 다이치
감   수 | 김 민 주
옮 긴 이 | 이 재 화
발 행 인 | 김 인 태
발 행 처 | 삼호미디어
등   록 | 1993년 10월 12일 제21-494호
주   소 | 서울특별시 서초구 강남대로 545-21 거림빌딩 4층
         www.samhomedia.com
전   화 | (02)544-9456(영업부) / (02)544-9457(편집기획부)
팩   스 | (02)512-3593

ISBN 978-89-7849-647-6 (13690)